風沙中盛放的花

在菊島澆灌一條希望之路

呂若瑟等人——口述
天主教靈醫會——編著

▲一九五七年落成的惠民醫院及一九五三年設立的馬公聖堂，距今已有超過六十年的歷史，這些年來也持續進行著醫療及傳道工作。

▲由左至右分別為：何義士修士（Bro. Davide Luigi Giordan）、呂道南神父（Fr. Antonio Didone）、羅德信神父（Fr. Antonio Crotti）、省會長、梅崇德神父（Fr. Igino Melate）、夏明智修士（Bro. Umberto Amici）於一九六三年在貧民施醫所（貧困徵屬特約醫院）前合影。

▲年輕時的李智神父（Fr. Rizzi Giovanni）（第一排）於一九五八年，在澎湖與五位聽道學生合影。

▲馬漢光院長於丸山天主堂熱心地為病患進行義診，仔細評估他們的身體狀況，守護著偏鄉村落居民的健康。

▲白寶珠女士紀念雕像立於馬公市文化路旁的慈暉園。雕像文字寫著：奉獻澎湖一生歲月的白阿姨——白寶珠（Marjorie Ingeleiv Bly）女士（一九一九－二〇〇八），感念白寶珠為澎湖痲瘋病患的付出。

▲陳仁勇院長與採訪工作人員，一起前往居家醫療的路途。頂著大熱天，陳仁勇仍面露微笑，親切與工作人員討論接下來的行程。

▲蕭天源醫師站在何義士修士的銅像前與之合影。身為惠民醫院前院長的他，總是客氣地對待每一個患者。一路上如同天使般行走偏鄉離島義診，陪伴澎湖走過了十八年。

▲鄭武宏醫師正坐在惠民醫院診療室內，準備為病患看診。他從彰化基督教醫院、恆春基督教醫院，最後落腳在澎湖惠民醫院，把這裡當作自己的故鄉。

▲曹傑漢醫師在電腦螢幕前，專心地向病患解說病況。現為耳鼻喉科部醫師的他，長期支援偏鄉醫療，並身體力行，於每週四、五在澎湖惠民醫院為鄉親服務。

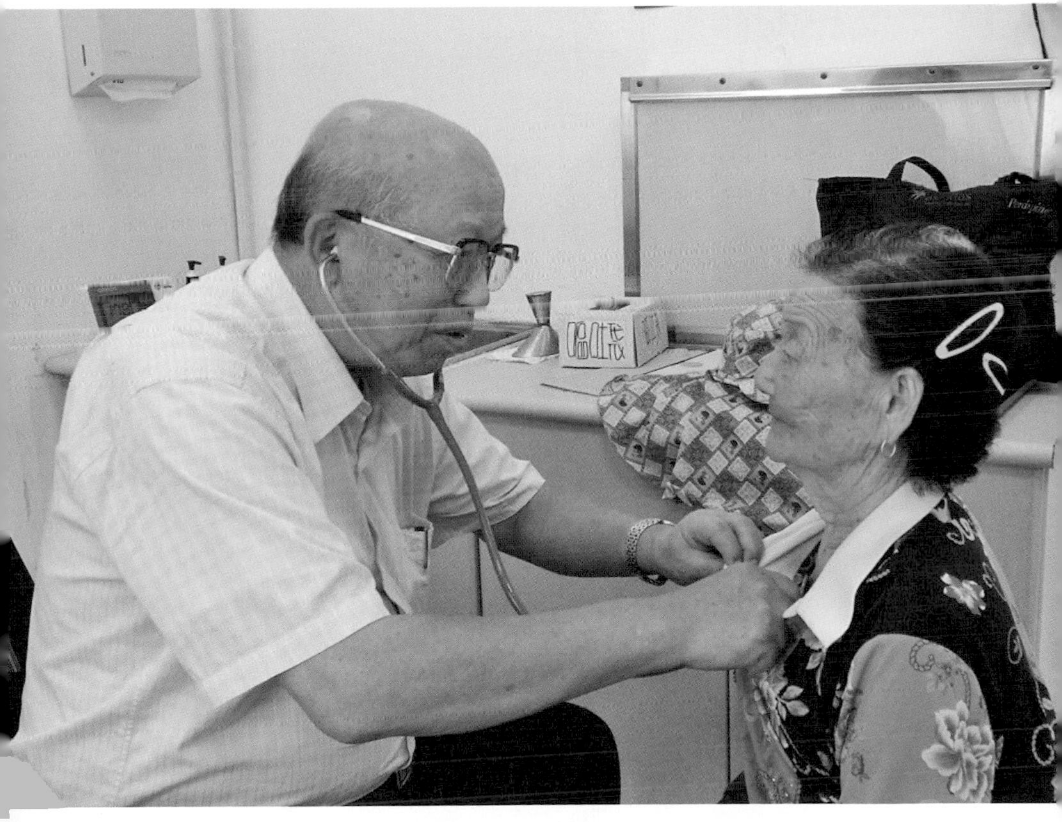

▲有「南臺灣開心之父」美譽的林永哲醫師，十九年來持續飛澎湖，替當地居民看診，不辭辛勞。（圖片由林永哲提供。）

▲鄭明滿女士與惠民醫院護理之家長輩一同慶生，臉上掛著親切的笑容，在醫療資源缺乏的環境中，溫暖了所有人的心。

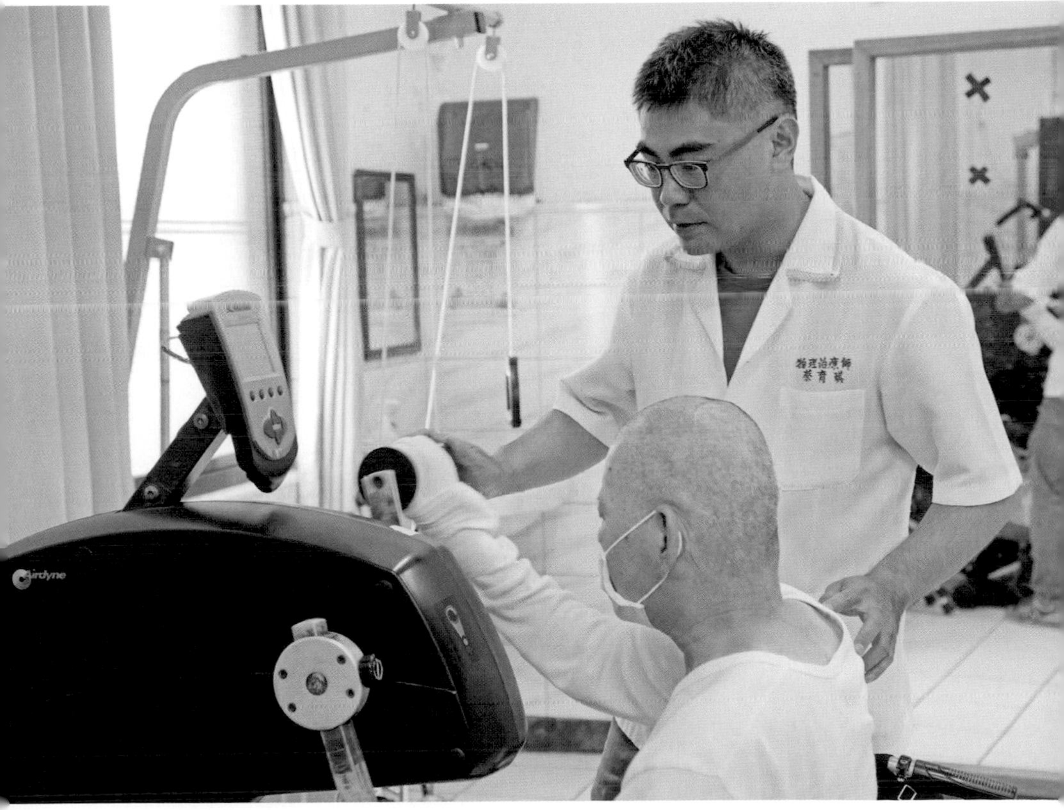

▲耐心指導病患，並為其示範動作的蔡育琪復健師。除了物理上的復健，陪病患聊天，減緩他們的心理壓力，也是蔡育琪工作中重要的一環。

▲林姿妤護理長於惠民醫院護理之家，和需要照護的老人家們留影。露出靦腆微笑的她，內心最大的盼望，就是讓老人家在愛與尊嚴中走完人生旅程。

▲由左至右分別為韓國乾修士、呂若瑟神父（Fr. Giuseppe Didone）、天主教高雄教區劉振忠總主教、杜元坤院長共同為「風沙中的愛：公益音樂會」站台發聲。

▲惠民醫院全體同仁與陳建仁院士（第一列左五）、呂若瑟神父（第一列右五）、韓國乾修士（第一列右四）的合照，他們為偏鄉醫療付出的愛與關懷，讓充滿風沙的澎湖開出一朵朵希望之花。

這裡風很大、沙很多，但依然充滿著希望。

——羅德信神父

目錄

輯二　維護每一個生命的尊嚴

輯三　不分晝夜的堅守與奮鬥

推薦序　一本寫滿疼惜澎湖人的天使們的故事

文／陳建仁

二十八位感人故事的主角，是維護澎湖人從過去到現在一直勇健的「祕方」。如今公開這些「祕方」，是希望每一位閱讀這本書而深受感動的你我，可以接續傳播這分感動的力量，給他們更多有形與無形的支持，讓醫療照護資源不如台灣本島，人口也逐漸老化的澎湖，在往後的歲月裡，依然可以如同以往有人守護一般，繼續發展成一個更健康、幸福的社會。

這本書記載了七十年來的澎湖醫療照護史，來自義大利的靈醫會神父們、美國出生的白寶珠宣教士，服務的事工一代傳承一代，直到從本島宜蘭、台南、雲林各地而來，投入澎湖醫療照護的新一代出現。持續不斷付出的愛與關懷，讓這個風很大、沙很多的地方，注滿了像風一樣大的溫情、像沙一樣多的希望。

確實，我每每都能感受到澎湖是個充滿愛與關懷的地方。去年冬天，我拜訪澎湖惠民醫院護理之家，承蒙本書口述者之一的韓國乾修士的熱烈歡迎。當天，韓修士談及自己當年受到外國宣教士遠離家鄉，來到全然陌生的台灣奉獻一生而深受啟發，也因此觸動他從一位恆春的空調技師，發願成為教士，決志一生服事受苦的人。他說，好快，從恆春到澎湖竟然已經三十年了。說到這裡，韓修士有感而發地說：「大家以後來澎湖，不要再說這裡是離島，我覺得，這裡是天堂。」我聽了之後十分感動，我想，正是因為聚集了一群充滿愛心的人，才讓澎湖變成天堂！

然而，澎湖醫療照護資源的匱乏卻是不爭的事實。天主教靈醫會的澎湖惠民醫院，有心擴展對長者的照護，希望打造嶄新的老人照護園區，服務更多的長輩鄉親。但是人力、財力的籌措，都是一項又一項很艱鉅的挑戰，希望您讀完這本眾天使的感人故事之後，能夠伸出您堅強的雙手，發揮慈愛的力量，讓自己加入這個天使的行列。

推薦序　不可遺忘的歷史和靈魂

文／吳念真

五十多年前有個酷愛爬山的朋友說，每次登頂之後，能量消耗殆盡地下了山來，一看到山谷底下出現兩個鮮明的景物時，就會不自覺地有一股「啊！終於回到人間！」的激動，他說那是豎立在派出所屋頂的國旗以及教堂或教會的十字架。

在登山裝備和各種旅遊資訊和天候情報都還不足的年代裡，這個朋友有過幾次深夜或凌晨和同伴拖著受傷的身體，飢寒交迫地到十字架下敲門求助的經驗，他說：「很巧，那幾次開門出來的都是外國的神職人員，只是搞不清他們是天主教還是基督教、是神父還是牧師，不過每次他都有同樣的疑惑，覺得這個連我們自已都很少接近、鳥不生蛋的地方……怎麼反而是他們來應門？而且還長期待在這裡？」

有一回，他終於忍不住問了正在幫他包紮傷口的老外這個問題，那個神父（或是牧師）的回答竟然是：「因為我們在這裡等著幫你擦藥，給你餅乾和熱開水啊！」

多年之後，朋友回憶起這件事：「當時乍聽之下只覺得是外國人的幽默，而現在想起來卻覺得這不就是他們最良善、最真誠、最直白，也最務實的宗教情懷嗎？」

多年之後，台灣的經濟發展到一個程度，當我們都可以毫不自卑地去回顧那段普遍貧窮的年代裡的生活痕跡時，多少都耳聞過這些來自國外的宗教團體和神職人士，為這片土地、這裡的人們所曾付出的點點滴滴，而靈醫會正是其中之一。

遠遠超過一個甲子了，靈醫會所屬的許多神職人員在這塊幾乎完全陌生的土地上救貧、救苦、醫病、醫傷，從年輕到老，甚至有人奉獻到生命的最後一刻，然後在此長眠。

許多人或許都知道靈醫會早在台灣還處於貧困的時代裡，就已經在偏遠的宜蘭和澎湖地區分別創立了聖母醫院和惠民醫院，照顧過台灣幾乎三個世代的人，而在這漫長的歲月裡當然也感動了、召喚了在地的眾多醫護人員和教友加入，也因為有活水不斷注入，這兩家醫院才能存在至今，甚至能隨著時代轉換，配合整個社會環境的需求而改變或增益其醫療服務項目和功能。

不過人總是善忘的，對於存在已久的事實總覺得理所當然，過去的歷史沿革通常只是一段抽象的文字敘述，而真正創造和累積這段歷史的人和他們曾經的奉獻和付出、汗水和熱淚、挫折和失落的細節卻都隨時間消逝，後人很難在其中找到真實的感動、找到可以效法和追隨的典範。而你將開始閱讀的這本書，所呈現的正是曾經參與創造和累積某段歷史的「人」的故事。

這二十八個人都和靈醫會在澎湖的惠民醫院關係緊密，許多人的生命過程和這家醫院的歷史息息相關，甚至可以說，是這些人的人生堆疊出惠民的靈魂和樣貌。

或許因為聆聽了他們的故事，才讓這個遠在澎湖幾乎毫無印象的醫院在我的眼前活了起來，活得像一個有著獨特靈魂和生命的「人」，甚至讓我想起那個曾經救援過我朋友的外國人，只是換了一個場景，這回他是在一片風沙之中跟我們說：「我們一直在這裡……」

這二十八位都是令我們感動，並且值得效法和追隨的人。在讀完這些人的故事之後，我們是否願意踩著這些人的腳印往前走？讓惠民醫院持續茁壯、發展，成為在風沙中始終盛放的天人菊，而讓自己也成為下一個世代願意放在心底的人？

前言　暗夜裡的島嶼微光

羅德信神父、呂道南神父、何義士修士等人，從歐洲來到臺灣，把他們一輩子最精華的青春，都留在臺灣的偏鄉地區，學習臺灣話為身障者、痲瘋病患、小兒麻痺兒童、弱勢者服務，為這塊土地付出所有的時光。

眼中的希望不滅——羅德信神父

二十五歲晉鐸神父後，羅德信便開始在世界各國宣教服務，於一九五二年被派到臺灣澎湖，隨即正式落腳，並於澎湖馬公服務，創建了惠民醫院和馬公天主教堂。

當年大倉地區沒有港口，船停泊海邊，風浪大時，船常會漂走。羅神父觀察許久決定興建碼頭，他告訴當地人說，來工作者就可分配到麵粉，用以工代賑招募人力施工，不僅順利興建港口碼頭，讓漁民無後顧之憂，同時也在馬公市郊區規畫興建惠民新村與惠民二村，提供貧民居住。羅神父修建碼頭、興建住宅、鋪設道路、開鑿水井、設立巡迴醫療據點、整建教堂、擴充幼稚園等義舉，改善許多澎湖貧困民眾的生活。

在澎湖十八年的羅神父，為完全了解澎湖，不僅詢問政府官員和老師，也和漁民、住民攀談，十餘年後，他已經比許多澎湖人更了解澎湖，並於一九六八年出版一本書《澎湖：風與沙的島嶼》，用義大利文記錄澎湖的種種風俗、民情、文化、歷史傳說、生活習慣，更寫滿了他對這片土地的愛，如同他初到澎湖時說的一句話：「那裡風很大、沙很多，但也充滿了希望。」

視臺灣為永遠的故鄉——呂道南神父

一九六一年，二十八歲的呂道南神父跨過大半個地球，渡海來到陌生的澎湖馬公，進入天主教惠民醫院服務，展開醫療傳道的第一步。

呂道南神父初抵澎湖，內向又不會說聽臺語，所以很少開口說話，卻積極地用行動來表達。當時他身為院長，醫療事務以及院內、院外的雜務都靠他一人擔起，同時他也在白沙鄉擔任堂區神父的工作，更致力於改善當地百姓的生活，設立了幼稚園和活動中心，讓住民走出家門、幼兒接受教育。

在當時苦難貧窮的年代，洗腎對腎病患者而言是辛苦的惡耗，由於固定洗腎必須花費一般家庭整整一個月的所有開銷，呂道南神父特別成立照顧腎友的基金會，嘉惠一家家受腎病煎熬的家庭，為血液透析病患免除高額負擔，也是腎臟病人感念呂道南神父的最深記憶。

這四十年間，呂道南神父常說：「今天臺灣人民過著自由及富足的生活，都是臺灣人經過努力所得來的，我自己能在這片土地上平安喜樂地生活，也是臺灣

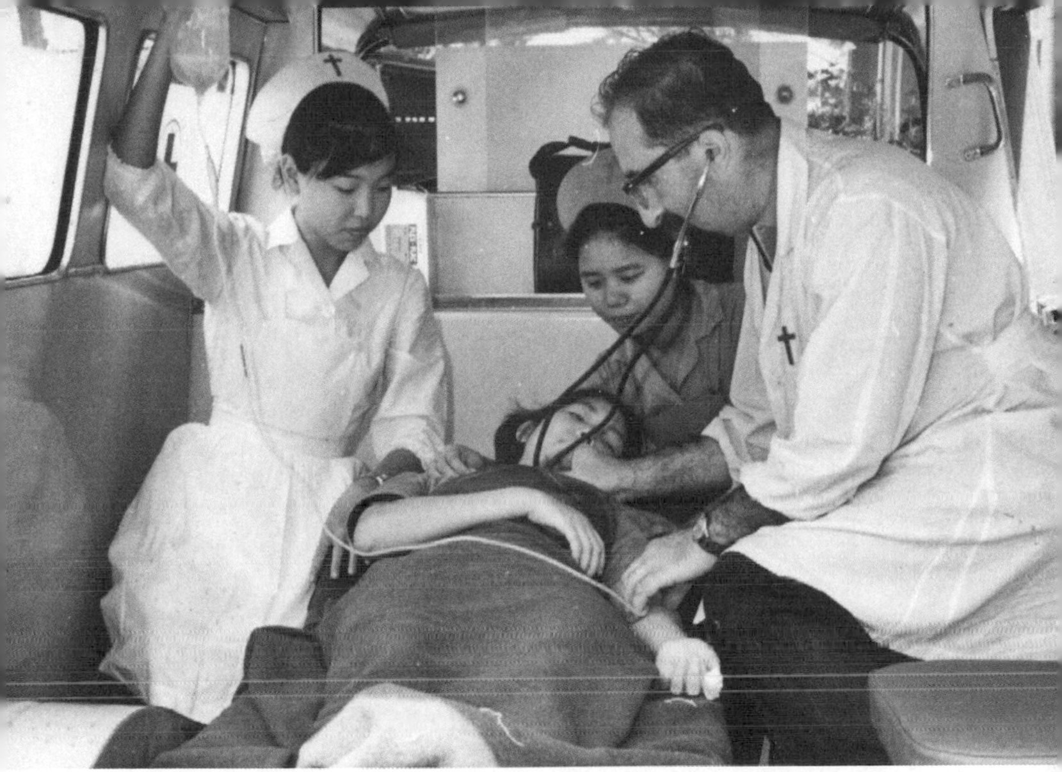

▲何修士在救護車內為病患仔細看診。

人所賜予的恩惠，因此在醫療服務上盡一分心力，對我而言是就是最快樂的事。」在他心裡，需要他的地方就是故鄉。

從黑鬍子做到白鬍子——何義士修士

何義士修士在二十二歲時離開故鄉羅馬，遠渡重洋到臺灣，為了保有神職人員的形象，他曾這樣回憶道：「老者，應該就要留著一臉的鬍子，所以我在臺灣近半個世紀的時間裡始終蓄鬍，『大鬍子醫師』就成了宜蘭人和澎湖人對我唯一的印象。」

在宜蘭治療肺結核病患多年後，何修士自願到偏遠的澎湖服務。在馬公惠民醫院服務的期間，遇到貧苦住民罹患重病，他不僅堅持不放棄，也總是帶頭輸血給病人，醫療費用更是酌情減收或分文不取。

在醫療人員短缺的澎湖，何修士因為體恤醫護人員，又不放心病患受苦，所以總是親自值夜班，讓醫護人員回家休息，自己卻一天二十四小時，不限時地為病患看診，三十年如一日，從沒間斷。在澎湖病患求診的過程中，何修士意識到澎湖人口老化的問題，以及糖尿病、中風、痛風、老人失智症等病患皆有逐年增加的趨勢，他便開始推動老人照護的工作。這不只是因為何修士能夠切身體會老人家的苦楚，更是因為他對澎湖的家鄉情懷相當地深，讓他視這些居民為兄弟和家人。

一九九九年八月十五日，何修士突然與世長辭。曾經接受過他輸血解危的澎湖、羅東病友，為感謝他的救治之恩，都爭相趕往澎湖欲再見他最後一面。他們永遠記得，只要有病患需要B型血液，他就不帶一絲猶豫地挽袖捐血的模樣。他的血，也將繼續留在臺灣人的身體中。

這本書收錄了二十八篇為澎湖無私奉獻的生命故事，他們和羅德信神父、呂道南神父、何義士修士一樣，為偏鄉地區的醫療和教育注入了希望，未來也將繼續滋養臺灣人腳下的這片土地。

輯一

將時光奉獻在這裡

澎湖的風，是對每位外來者最大的考驗，但呂若瑟神父等人仍克服了水土不服的障礙，堅持關心在地居民與弱勢族群，讓澎湖有機會迎向更美好的未來。

想一生留在這裡的原因——呂若瑟神父

「我喜歡宜蘭。」正式訪談前，呂若瑟神父先聊了這塊讓他生活半世紀的地方，他說，雖然宜蘭雨多，但也習慣了。

訪談這幾天，時值武漢肺炎疫情在歐洲大肆蔓延，來自義大利的呂神父，不斷祈福為遠在義國確診及死亡的同胞禱告。「我的家在義大利北部鄉下，當地目前沒有疫情，但有一些當神父的同學，不幸染疫去世了。」呂若瑟神父語畢神情哀淒。

寫求救信為義大利募款

在武漢肺炎疫情期，雖然自認已是臺灣人的呂若瑟神父，每天仍會與義大利天主教靈醫會人員視訊，關心義大利境內慘烈的疫情進展。四月初他決定發出「求救信」，因為義大利許多養老機構的醫療防護裝備不足，造成老人死亡數上升，甚至有五十多位神父死於疫情，許多醫師護理人員也都染病，他希望臺灣各界能夠伸出援手，捐贈口罩、呼吸器、隔離衣與藥物等防疫物資，急送到義大利需求最大的災區。

呂若瑟神父長跪在醫院聖堂禱告，祈求在義大利因疫情去世的神父或民眾可以安息，更感謝許多臺灣善心人士的協助。

收拾心情後，呂若瑟神父才緩緩說起自己的人生。在義大利當神父是一種榮譽，家裡有九位兄弟姐妹，包含他就有三個男孩在十歲左右進入天主教靈醫會的修道院，經過十四年的學習，成為神父。

為了繼續讀書而進修道院

「小時候家窮，沒有錢進入一般學校讀書，當時只有修道院是免費。」一九四〇年出生的呂若瑟神父回憶，當年家裡種葡萄、養豬牛，兄弟姐妹多，沒地方睡，自己還去牛欄豬舍睡過一陣子。彼時的他只想著要讀書，根本不知道神父是什麼，修道院提供免費的讀書環境，他就進去了，年復一年的學習，除了增長知識，也學會愛與奉獻，才決定將神父當成終身職。

二十四歲時發願終身為天主奉獻，呂若瑟神父被派往幾萬公里遠的臺灣宜教，而他的大哥呂道南神父先他四年就被派至臺灣澎湖，所以他對「臺灣」這個島嶼國家其實並不陌生。

落腳在宜蘭的呂神父人生地不熟，加上語言不通，所有外籍神父都得先到新竹學習兩年的華語，才能開始傳福音。

在新竹的華語學院，第一年學說華語、第二年學寫華文。呂若瑟神父直說：「中文真的很難啊。」有次他因皮膚有異狀要請假就醫，但不知要如何書寫中文假單鬧了笑話，傻傻地在請假事由填了「皮在癢」，後來才知這三個字在生活用語上是「欠揍」的意思。

從語言不通到融入澎湖生活

在宜蘭宣教十年後，他被派到澎湖馬公。「澎湖冬天風好大啊！」在島上騎機車到處宣教時，呂若瑟神父還曾被強風吹倒，手腳皮肉擦傷。當年馬公很少人信仰天主教，傳福音很困難，多數住民都是漁夫，信仰的是媽祖。

呂若瑟神父回憶在澎湖宣教時，除了語言溝通是困難之一，當地居民也多信奉媽祖，但他總是親臨拜訪、時時關心，並提供食物。經年累月之後，部分居民深受呂若瑟神父的無私奉獻打動，開始接觸並了解天主教義，固定到教堂聆聽福音。

為了和漁民們打成一片，融入他們的生活，呂若瑟神父甚至登船與漁民一同出海捕魚。「那幾年吃了很多海鮮，唯有蚵仔不敢吃 。」呂若瑟神父強調，他最愛吃生魚片，澎湖的清心小吃店是他的愛店。

成立惠民啟智中心，服務澎湖身障兒童

在牧靈工作裡，呂若瑟神父逐漸發覺，澎湖當地有很多患有小兒麻痺等身心障礙的小孩被關在家裡，哪裡都不能去，父母也無力照護。

「我找了一些有愛心的老師，成立天主教惠民啟智中心，一起照顧治療陪伴身心障礙的孩子們。」呂若瑟神父說，很多家庭都不願意讓親友街坊鄰居知道自家有身心障礙孩童，所以他只能挨家挨戶去拜訪，耐心說服家長將孩子寄託在啟智中心。

一開始啟智中心只收到六名孩童，而其中五名孩童的家境都不寬裕，無力繳交學費，呂若瑟神父怕家長因繳不出學費要將孩子帶回家，只能自掏腰包全數幫他們繳清。

惠民啟智中心雖然限收三歲至十歲的身障孩童，但許多家庭因為窮困無力照

顧長大後的孩子，呂若瑟神父與啟智中心只能繼續收容照護，甚至破例照護無依的七十餘歲身障者。

他的無私奉獻，獲得澎湖縣政府頒發「好人好事代表」與「榮譽縣民」兩項殊榮。

惠民啟智中心至今繼續運作，仍是澎湖唯一為身障孩童服務的機構，目前收容身障者已逾六十位。

在宜蘭成立聖嘉民啟智中心

一九八六年回到羅東聖母醫院後，呂若瑟神父接手醫院總務主任工作，也繼續在宜蘭縣各地宣教，他發現整個宜蘭竟沒有一所啟智中心來照顧身障孩童。因為在澎湖有創辦啟智中心的經驗，他決定在宜蘭冬山再成立「聖嘉民啟智中心」，繼續服務蘭陽平原的身障孩童。呂若瑟永遠記得母親在他成長過程中一再的叮嚀：要隨時照護弱小。

剛成立聖嘉民啟智中心時，呂若瑟神父仍像澎湖經驗一樣：收不到院生。他只能和老師再度挨家挨戶地登門拜訪解說啟智中心的功能，呂若瑟神父回憶一個案例說，有名小孩不會自己洗澡、不會自己穿脫衣服，經過啟智中心的耐心教導後，孩子都學會了，家長才真正放心把孩子託付給啟智中心。收容學生最多時期逾百位，也證明聖嘉民啟智中心在宜蘭對身障孩童的照護做出了好口碑。

把臺灣當成真正的家

來臺已經五十六年的呂若瑟神父，父母親分別在一九七一年與一九八九年去世，但他當時無法返回義大利為雙親送別，只能流淚在臺灣為父母禱告。直到幾年前回義大利家鄉探親，他的兄姐都已過世，大哥呂道南神父也長眠於宜蘭。在家鄉的弟弟妹妹希望呂若瑟神父返鄉安度晚年，但他卻婉拒：「在義大利已經沒有認識的朋友，對我而言是個陌生的地方，臺灣才是我的家。」

呂若瑟神父目前擔任天主教靈醫會宗教法人、醫療法人董事長，每天早上晨

▲身體健朗的呂神父於聖嘉民啟智中心耶穌畫像前。

禱後，會開車到長照中心、寒溪醫療復健中心、聖母護校等地巡視，並為工作人員加油打氣。尤其是聖嘉民啟智中心，不管行程多麼緊湊，他每天一定會造訪，呂若瑟神父說：「因為那裡的孩子都是我的寶貝，一百三十多位院生的名字我都記得。我天天都要和這些小孩擁抱。」傍晚回到總院後，他會前往安寧病患探視患者，甚至陪患者打牌。

「在安寧病房的醫護人員都很嫉妒，因為病人每天都在期待我來。」

呂若瑟神父說，以前的聖母醫院醫護人員人數少，大家相處起來像個家庭，但現在醫院的規模變大，反而像「公司」。不過呂若瑟神父每個月都會到各院所中心發放生日禮金，並致上親手寫的生日賀卡給員工。

結束訪談，呂若瑟神父起身，說明牆上掛著他在二〇〇六年與教宗本篤十六世的合照。對神父而言，這是身為神職人員最重要的時刻。

呂若瑟等義大利籍神父，終生在臺灣無私奉獻，在早年臺灣經濟和醫療不發達時，救助許多窮苦的身障孩童，至今高齡八十歲的他，仍持續在蘭陽平原協助身心障礙者。

當年他與許多義大利神父跨海來到臺灣，幾乎沒有一位神父選擇回到義大利安度晚年，他們長眠於臺灣，只因他們早已自認是臺灣人。此時，該是我們回報他們的時候了。

後記

呂神父發出第一封「求救信」後六天，臺灣竟有兩萬多筆、高達一億兩千萬元的捐款，希望能幫助義大利的武漢肺炎疫情。呂若瑟神父再發出第二封信，寫著：「謝謝臺灣，捐款真的太多了，這真是一個好國好民的好地方。接著，更希望您也把滿溢的愛心留給我們自己在偏鄉的父老。」充分表達了呂神父內心的感激。

信末，他寫道：「真的要感謝天主當年把我帶到這裡來。再次謝謝臺灣。此時我更堅信，這就是我一生都想留在這裡的原因！」

永不後悔的人生——李智神父

落坐在李智神父辦公室，我尚未提問前，神父先問我：「你住哪裡？」我答：「臺南。」「喔，臺南，我有次要到澎湖，從宜蘭搭火車到臺南機場轉機，結果天氣不好，沒飛，在臺南住了一天。臺南人都講標準的臺語。」高齡九十三歲的李智神父，回憶往事歷歷在目。

訪談之前，李智神父這樣說：「我要全程用臺語受訪，這樣比較自然。」故而，是的，閱讀以下專訪內容可自行切換至臺語頻道。

從臺語開始的宣教之路

從義大利派到臺灣的神父，一般都要到新竹學院學習華語兩年，但他在宜蘭報到後，隔週就被派往澎湖。教區主管告訴他：「學華語的神父太多了，你專門學臺語，臺灣人說臺語較普遍，比較容易接近人群。」

「臺語真的很難啊，而且各地腔調不同，宜蘭有自己的腔，甚至澎湖馬公、白沙、七美都各有自己獨特的腔調。」一九二七年出生於義大利北部，李智神父的家鄉很靠近奧地利。與多數的神父一樣，最初進入修道院的初衷，其實是想要讀書，而修道院免費提供學習環境。在天主教的家庭中，有人能發願當神父是件好事，家裡有八位孩子，他隨著兩位兄長發願要成為神父，「我媽媽一開始不是很高興，後來請大哥向母親說明後，媽媽也就同意了。」

經過十三年的養成教育，李智神父在二十五歲晉鐸，他寫信給教區表達願意前往遠東地區宣教，當年靈醫會在遠東一帶僅在泰國與臺灣駐點，最終教區分派他到臺灣。「我很喜歡中國文化，臺灣雖然不是中國，但文化有點相同。」李智神父說，知道要被派到臺灣後的心情是複雜的，語言是最大的挑戰，但內心是非常歡喜的。

雖然高齡，但對於當年從義大利搭船到香港，轉至基隆港，再搭火車到羅東，一個月的旅程中點點滴滴，李智神父記得一清二楚。「到羅東那天是一九五四年三月初五，下雨天。」這日他永遠不會忘記。

「Green.」李智神父難得說了句英文，這是他對臺灣的第一印象，到處鬱鬱蔥蔥，羅東宛若綠意觸手可及，澎湖則是「風就透，是一個艱苦的所在」。李智神父暫住在澎湖馬公「瑪利診所」樓上，開始他的宣教之行。

完全沒有學過臺語的李智神父回憶說，馬公當地沒有教臺語的學校，也沒有臺語教科書，他只能央求基督教會的人，每天早上花九十分鐘用羅馬拼音教他說臺語，晚上他再去社區找小孩聊天，經過一年半的努力，才終於可以開始用基本的臺語傳福音。「臺語是全世界最難學的語言，我不是天才，但也並不『憨慢』啦。」

在長年篤信媽祖為主的澎湖漁民、居民群體中，李智神父不以為意，也不刻意傳福音，他想得透徹：一般人不可立刻改變原有信仰，就隨興改信天主教。於是他用「關心」、「服務」來接近當地人民，被居民當成朋友後，再利用機會介紹天主和靈醫會。

神父說起一個有趣經驗：有位修士因為不太會說臺語，有次找他一起到山上跟一對年輕人傳教，後來這對年輕人向神父表示：大老遠跑來只講給我們聽不夠，我去來找更多人來一起聽。等到李智神父第二次再訪時，一共有七個人來聽他「講道理」。因為漁民是晚間出海捕魚，清晨返島，所以就安排每星期二早上八點，傳福音一小時。「我好緊張耶，因為要用不輪轉的臺語傳福音是個大挑戰。」隔年，這七位聆聽者全部領洗成為天主教徒，這給了李智神父非常大的肯定與回饋。

在醫院探訪病人時，曾有一位病患向李智神父索取經書閱讀，病患出院時感謝神父的關心，一年後也領洗成為教友。這位教友日常獨居在無人島上，平日都自己祈禱，久久才能搭船來馬公上教堂一次，神父笑道：「我也去過無人島探訪他喔。」

把病患當成朋友來相待

除了傳福音，李智神父更關心當地居民醫療事宜，某日診所的醫生問他：「你有沒有看過痲瘋病人？你如果不會害怕，明晚我帶你去看。」晚上？神父很納悶，為何要晚上才能看到痲瘋病人？原來當年痲瘋病是一種令人嫌惡的傳染病，患者和家庭都不願意讓街坊鄰居知道，所以多數患者都是趁夜出來活動或就醫拿藥。

明明知道它是什麼樣的疾病，李智神父坦言，說不害怕是騙人的，因為它有部分的傳染力，「通常痲瘋病患家境都是貧困的，相對衛生條件不好，所以才會相互傳染。如果接觸患者後，只要勤洗手，被傳染的機率非常小。但很多人觀念並非如此，大家都避之不及。」

面對病患後，李智神父拋開心中恐懼，伸出溫暖的雙手碰觸他們，擁抱他們，除了提供藥物，也時時給予關心照護。「人與人之間就是要親近才能當朋友，病患也是人，我就有義務要服務他們。」

有病患問李智神父：「你來照顧我們，需要什麼回報？」李智神父這般回答：「為什麼需要回報？天主愛我們，我們要彼此相愛。」

羅東聖母醫院分院的丸山療養院專收肺結核病人，這種病也具有傳染性，但李智神父總是願意接近他們施以治療與慰藉，也希望醫護人員言語舉止親切友善，盡量不讓病患覺得被歧視，「我們要尊重他們，讓他們自在自然。」

談起這段往事，李智神父強調：「臺灣的護士犧牲奉獻的精神和無私服務的態度，真的很值得敬佩。」在澎湖三年多後，李智神父被調回羅東擔任丸山療養院院長，隔了二十多年，一九八九年他再被派回澎湖惠民醫院任職副院長三年。

踏實且勤勤懇懇的李智神父，二〇一〇年時受教廷冊封為「耶路撒冷聖墓騎士」，這是羅馬教廷為在國外從事社福工作的神職人員之榮譽表彰，在冊封儀式致詞時，他由衷說道：「要愛我們的敵人，不靠刀劍，而是憑著愛與和平來打仗。」

從臺灣這片土地感受到的愛

十年後的今年，李智神父一派輕鬆地笑了笑：「我現在退休了啦。」說目前他最常做的就是到醫院看看病患、為他們禱告祈福，病患們也會很高興每天有人探望。另外，神父每星期都會找一天在教堂講道理給教友聽。

然而，「有很多事情是一輩子忘不了的。我一共在澎湖待了六年又八十八天！」李智神父語帶懷念：「臺灣人真的很親切客氣，讓一位外國人可以在澎湖如常生活。」

在澎湖生活了兩年左右，當時他還不太會讀寫華文，有次被派到高雄海關申領機車回澎湖，必須在海關填寫申報文件，對李智神父來說是很困難的。正在不知所措時，有位二十幾歲的年輕人主動協助他跑完二十八道複雜的程序與窗口，「真親切！」李智神父用宜蘭腔臺語結束這段回憶。

多年來在臺灣的奉獻與足跡為他贏得許多榮譽與認可，二〇〇一年時李智神父被譽為是宜蘭人最好的朋友，以醫務管理員身分獲頒臺灣「第十一屆醫療奉獻獎」。二〇一五年，當時總統馬英九頒贈紫色大綬景星勳章，表彰他對臺灣長年的服務及貢獻。

二〇一七年，李智神父取得臺灣身分證，對此他十分開心，直說吃了數十年的臺灣米，早就是臺灣人了。而且他很不喜歡吃起司，非常不像義大利人。「我來臺灣六十五年了，雖然不見得事事都好，也會遇到困難，但人民的心是仁慈。臺灣目前是世界上最安全的地方，如果要我來說臺灣對自己最大的感受，就是『歡喜』二字。」

孑然一身在臺灣長達六十六年，看書是李智神父常年習慣，現在也喜歡看電腦，不但能獲得許多新資訊，也能即時與教會通訊。「早年都要寫信，一兩個月才能收到，現在電腦很快。我每天會用Skype軟體和遠在義大利的侄子視訊聊天。」

當年同期當神父的九位同學們都已在天堂，李智神父也已經高齡九十三歲，這天細細回想這一生：「如果人生有遺憾……就是沒有把中文學好，只學會了臺語與華語。」

訪談最後，詢問神父有沒有曾做過什麼錯事至今後悔？李智神父沉思一下，隨即釋然回答：「應該沒有，因為我是乖囝仔。」神父幾乎一生都在臺灣這塊土地上，對他來說，這就是他永不後悔的一生。

澎湖的海讓我看到未來——謝樂廷神父

一九三七年出生的謝樂廷神父（Fr. Rizzi Celestino），二十七歲那年就揮別故鄉義大利，至今超過三分之二的生命，都札根在臺灣。

如同每一位外籍神父，每個人對到達臺灣的時間、過程，甚至是氣味，都記憶精確到一輩子難忘。「我從義大利搭了二十九天的船到香港，結果遇到颱風，這也是我第一次感受到颱風的威力。兩天後轉到臺灣。」

自幼即立志當神父

「我十二歲進修道院，但我在六、七歲時就下決心未來要當神父。」年幼的謝樂廷，六歲時遇到一位會修理皮鞋的修士，他問我：「要不要當神父？」我馬上回他：「要啊，我兩位哥哥也都要去當神父。」

謝樂廷的兩位兄長也都是年少就進入修道院，然後專心致志走在神學路上，於是他幼年自然效法兄長發願當神父。當年父母有沒有反對呢？謝樂廷神父回憶：父親是同意的，而且父親告訴母親，如果不讓兒子去當神父，未來他到天堂見了天主，天主會罵他。

「父親帶我去車站搭火車前往修道院，我自己走進車廂，都沒有再回頭望一眼父親，就可以知道我的決心有多強大了。」

被分派到臺灣後，就開始學習華語，一九六八那一年還自學了三個月的臺語，「因為有些地方用臺語溝通比較容易。」

學了臺語，謝樂廷神父被派往澎湖馬公惠民醫院，早上學習管理醫院，中午到田裡找農民聊天，晚上到村落拜訪住民傳教。醫院、教堂和幼稚園，這三地是謝樂廷當時每天都要關照的地方。

「我們靈醫會在澎湖有七間幼稚園，一九六九年時，每位學生一個月的學費是新臺幣十元。」謝樂廷神父說，當年真的很辛苦，傳教也是。再加上當年普遍貧窮，交通不如現今便利，看醫生是件大事，謝樂廷神父就商請醫生前進到村落中，為沒有交通工具而無法到醫院的人看病。

「有次在做彌撒時，隔壁村的人跑來說有兩個小孩生病，無人照顧，我馬上跑去看，發現真的很嚴重，趕緊聯絡惠民醫院的救護車來載，但被小孩的父親拒絕了。那位父親說他請示過廟的神明，神明指示一個星期內不要動，過了三天，兩個孩子卻相繼過世。」謝樂廷神父說，這些迷信是會害人的。

為了這件憾事，謝樂廷神父決定要讓村民認識正確的觀念並相信醫學，他著手安排醫護人員到澎湖各鄉村義診，經過數年才消除當地居民的迷信，讓他們養成生病會主動就醫的習慣。

因為澎湖而感受到的自由

澎湖的風，是對每位外來者最大的考驗，就算用膠帶、報紙把窗戶封貼起來，風還是吹得進來，很多人都因此受不了而離開，但謝樂廷神父堅持忍耐並適應久居，在澎湖醫療宣教八年，他坦言，自己沒有交到什麼朋友，但他用關心、服務，讓人民和天主交朋友。

澎湖是島，到處都可以看到海，很多人駐足看著海，心裡會揚起一股「不能再往前進」的意識，但謝樂廷神父看到海，卻覺得看到未來。同樣一個東西，會因為不同觀點、不同心境而有不同的反應，這就是在他澎湖宣教的感想：「當別人感受到束縛時，我卻覺得心境更自由了。」

雖然自承在澎湖沒有朋友，但謝樂廷神父其實參與許多住民婚喪喜慶的生活與細節，與小孩在沙灘玩水拾撿貝殼、跟著漁民出海釣魚、陪老人玩撲克牌等，甚至廟會的祭祀活動也都樂於參與，「我不排斥其他宗教活動。」

憶起與漁民出海釣魚，謝樂廷神父想起一件趣事。有次船正要開出港，就被

▲謝神父一邊協助身障者上車一邊笑得爽朗。

軍人大聲怒斥，命令船長把船開回碼頭：「你船上有間諜！」神父解釋，當年澎湖人沒有想過會有外國人來澎湖服務，「只要看到外國人都先懷疑是間諜。」

將每一個病患記在心裡

一九七七年，謝樂廷神父調派回羅東，接手惠民殘障服務中心的工作至今，四十多年來，照護過一千三百多位身障者，每一位身障者的名字和病情資訊、照片等，都用他一手漂亮的正楷，一字字記錄在筆記本中，有些人現在仍保持聯絡。

謝樂廷神父起身離開訪談桌進入室內，不一會兒他手上拿著兩大冊筆記本放在桌上說：「一千三百多人都在這裡面。」他俐落翻閱著，不時在某個頁扉停下，指著照片上的某人說現在他很健康，又指著其中一位身障者說：「這人殘障最嚴重，根本沒有機構想收留，最後還是來惠民殘障服務中心。」

謝樂廷神父回憶說，當年並沒有太多家庭願意主動將身障者送到服務中心，他只得天天騎車在社區、巷弄中「找尋」身障者，再到他們的家中說服家長讓惠民殘障服務中心來照護。

照顧身障者不同於一般病患，他們大部分無法正常坐或立，謝樂廷神父曾經照顧過一位八十公斤的身障人士，當年車子並沒有加裝升降機設備，光是抱著他和協助其他人上下車就是一件大工程。神父不禁感謝天主賦予他一副強壯的體魄，「現在車子都有升降設備，身障朋友也都有電動輪椅，比較輕鬆了。」

謝樂廷神父提到一項不知有沒有被打破的紀錄，他曾一次帶八十多位身障者到宜蘭監理站考機車駕照。神父說明，難的不是帶多少人，而是「筆試考場在二樓，沒有電梯，我得一一扶他們上下樓」。可以想見，那一天，神父恐怕爬了數十層樓。

謝樂廷神父正色說道，自己的主要工作是教堂的宣教，幫助身障者是自己想要去做、願意去做，「沒人強迫，或許也沒人在乎，但天主知道就好。」在臺灣服務五十六年，謝樂廷神父說，有些小身障者長大成人後，開始工作賺錢，都會捐錢給惠民殘障服務中心，「臺灣人心地很善良啊。」

「走，我們到外面，讓你們看看我的車。」謝樂廷神父打開廂型車的後門，從車上搬下兩條鋁製軌道架在車廂，他商請兩位身障者來示範如何獨立上下車。第一位身障者使用電動輪椅，熟練快速地進入車廂內停妥位置，謝樂廷神父則站在車旁待命著，年屆八十三歲的他，依然目光緊盯著身障者的動作，做好準備隨時伸出援手。

真正重要的事

每天行程滿滿，除了要在羅東的惠民殘障服務中心照護身障者，謝樂廷神父近日又接手蘇澳天主教堂的宣教工作，他就在教堂內的倉庫睡覺，不回神父的宿舍，「因為睡覺對我來說不是什麼重要的事，而且我專門用舊的東西，別人不要的，請給我，我會好好使用它。」

直到二〇一七年十二月，謝樂廷神父和其他六位義籍老神父、修士才一起領到臺灣身分證，不過他對取得臺灣身分證並沒有太多的情緒起伏，他反而淡定地解釋：「我來臺灣是為了這個嗎？不是！我早就已經認定自己是臺灣人，並不需要這個來證明。」

訪談尾聲，謝樂廷神父說起，來臺傳教的外籍神父抵達臺灣後多半會取個華文名字，但大部分的神父會以本名的諧音來找相近的中文，謝樂廷神父說起印象深刻的有兩位神父是親兄弟，都被分派到基隆，姓氏諧音為「邊」，大家都叫他們「大邊小邊」。

而「謝樂廷」這個名字，「是聖母醫院的護士們幫我選的。我很喜歡這個名字。」謝樂廷神父這樣形容：因為她們要我天天謝謝、天天快樂、天天想到「天廷」。

無私奉獻的愛——韓國乾修士

與韓國乾修士談話前，他剛從醫院檢查心臟回來，韓修士很淡定地說：「只是心律有一點點不整，沒事的。」

從小在屏東恆春長大，但因為父母親來自於中國廣東，所以從阿祖開始就是天主教徒，到韓國乾已是第四代教友。「我一九五七年出生在小漁村，就是電影《海角七號》取景的那個地方。」

成為修士的漫漫長路

出生兩個月，韓國乾就領洗，當年恆春鎮沒有天主堂，父母抱著他前往屏東市區的天主堂領洗，孩提時期每週日都跟著參加彌撒，回到家後也會學著教堂的布置自己家家酒式的彌撒。

對於教堂主持的神父，韓國乾自年幼就有些嚮往，「國中畢業後選擇天主教會的高中，知道自己不是讀書的料，畢業就先服役，退伍後順利進入核能三廠工作。」

一九八三年，韓國乾修士因參加教會活動，初次登上澎湖參觀天主教成立的醫院、幼稚園，他很納悶：「澎湖怎麼會有外國的呂若瑟神父、何義士修士在醫院服務？而不是臺灣的神父、修士呢？」那時韓國乾心裡就有個念頭：「未來他也可以在醫院照顧病人。」韓國乾自小體弱多病，三天兩頭往醫院跑，更能體會醫護人員的辛勞。回憶兒時，他心想，應該是天主提早讓他生病，要他了解病人身心靈的痛苦，去深思醫護人員應如何達到「視病猶親」的理念。「這是天主啟示我：未來可以走這條路。」

隔年韓國乾便向雙親表達「當神父、加入一個照顧病人的修會」的意願，韓國乾直言父母很訝異，但沒有強烈反對，只軟語勸說：「你那麼笨，神父要讀很多書、懂很多事。」

他於是退而求其次，想著如果神父難度太高，那當修士也可以，但他父母卻認為修士沒有權力，不如去當傳教員，可以傳教又可以結婚。在「神父、修士、傳教員」之間，韓家內部幾番討論與爭執之後，父母最終尊重妥協，讓韓國乾自己做主。

一九八五年十月，韓國乾寫信給惠民醫院院長呂若瑟神父，表示他願意到教堂希望學些技術。同年十二月，韓國乾收到呂若瑟神父寄來一張飛往澎湖馬公的單程機票，便立即向核三廠請辭前往馬公，十二日十日到惠民醫院報到，開始投入服務病患復健的工作。

一九九四年到澎湖惠民醫院成為靈醫會初學生，便由李智神父擔任韓國乾的初學老師。二〇〇〇年，韓國乾發願為終身修士，也是臺灣靈醫會最後一位本國籍修士。

初到澎湖時的挑戰

韓國乾修士回憶表示，剛到澎湖時，最不習慣是當地的水質不好，雖然有水庫但很少下雨，因此大多數人家都是抽地下水，適應了一段時間才克服輕微的水土不服。

至於大家對澎湖「風很大」的印象，在韓國乾抵達馬公的十二月，東北季風正盛，當地人都笑來自臺灣的他來得不是時候，一定禁不起澎湖的風，但他總是不服氣，說：「我是恆春人，落山風吹多了，只是這裡的風比較涼而已。」

然而，澎湖的臺語腔調與臺灣不同，讓他著實花了一段時間才適應。「幸好醫院同事互動好、彼此會主動協助，讓一位外來者能夠很快融入。」韓國乾修士笑道，在惠民待久了，真的要感恩當年義大利神父們的無私奉獻。

早年惠民醫院是二十四小時營運，有次半夜病人即將臨終，義大利神父二話不說就開著救護車送患者回家。

而韓國乾起初在醫院服務時，母親只叮嚀一句話：「不要跟別人計較工作多寡，你做愈多就學愈多，也會得到愈多。」如今到澎湖已經二十多年的韓國乾修士，二〇一五年獲得澎湖縣長頒贈「菊島詠善獎」，協助復健的病人已不計其數，其中有位恢復健康的患者在恆春遇見韓修士的母親，大力讚美韓修士，韓母事後也很高興地向韓國乾轉達此事。從勸阻到認同，「讓一位孩子去當神父、修士是件榮耀的事。」這般來自親情的鼓勵，是獎項之外的暖心掌聲。

全心地付出愛與關懷

惠民醫院在澎湖已有超過一甲子的歷史，目前醫療大樓主體已經老舊，空間不敷使用，預計兩、三年後會興建落成新醫療院區，韓國乾修士說，惠民是私立醫院，在人力、資源上無法與公立醫院競爭，但惠民可以勝出的是愛與關懷。

前陣子呂若瑟神父為家鄉義大利勸募醫療器材，獲得廣大迴響，韓國乾修士

▲韓國乾細數著他來澎湖之後與病患間的點點滴滴。

表示，惠民醫院也正在募款籌建新院區，他更期望喚起澎湖人的記憶，回饋早年義大利神父在澎湖醫療方面的努力。

雖然澎湖的人口數漸少，但韓國乾修士覺得，擴大新院區提供更好的服務是應該的。他說，當年神父們唯一秉持的就是天主的愛，所以靈醫會募款雖辛苦，但一定不會忘記這個地方。

韓國乾修士坦言，

前幾年看中新院區地點時，為了價格他主動跟地主勸募說：靈醫會的惠民醫院不是要賺錢，而是要為本地人服務，這是上天的旨意才選擇這個地點，所以將空地賣給惠民未來會有福報。有一天我們都會老，就可以享受到好的醫療照護和福利。」

「外國人可以，為何臺灣人不可以？」當年就是懷抱這樣的心情，才支持韓國乾修士至今仍在這條路上走著，雖然他身為靈醫會的董事，但他每天還是協助做著醫院的清潔工作。「重要的是，我的使命在澎湖。」他說出這句話，眼裡不帶一絲後悔。

聖母醫院的靈魂推手——馬漢光院長

一九五三年出生在香港的馬漢光，坐在羅東聖母醫院院長室，侃侃談著他與聖母醫院的結緣。出生、成長、就學都在香港的他，從沒想到有一天會到臺灣讀醫學院，也從未想過不具神職身分的他，會接下聖母醫院院長一職。

「我的父母親在一九三七年因為中國大饑荒而逃難到香港，他們初到香港時很辛苦。」雖然是八十三年前的往事，而且都是聽父母的轉述，但馬漢光院長語氣仍有些不捨。

馬漢光自述小時候沒什麼志向，「只是想讀書而已。」因為在當年能讀書並不容易。小學畢業後，大約有三分之二的同學就必須出去工作，其他三分之一可以讀國高中，最後再剩下三分之一的人升大學。

簡單地算，十人中約莫只有一人得以就讀大學，要在香港考上醫學院可是萬中選一的，成績非要頂尖不可。然而馬漢光院長直率說道，「如果是來臺灣考大學，可以加一點分數，但家裡的經濟吃緊，要負擔我在臺灣的學雜費、生活開銷仍是一大關卡。」最後他抱著「讀醫學院可以做點跟別人不同的事」的想法，決定來臺報考，並錄取中國醫藥學院醫學系。

從臺北到宜蘭

一九七二年九月十七日初抵臺灣，馬漢光院長仍清晰記得，走出臺北松山機場時，外面有一群人集結，抗議著日本人在中國九一八事變的軍事行動。生長在香港，馬漢光自承原先根本不知道臺灣的任何資訊，「原來臺灣有這麼大啊！」原本不會說華語的他，經過一年苦練才開始與人有溝通的能力。

馬漢光在耕莘醫院工作了三十五年，一路升到院長，「我原本覺得人生大概就是這樣，可以退休了，沒想到二〇一九年，來到宜蘭接任聖母醫院第十一任院長。」

一九九五年領洗為天主教徒的馬漢光院長，對於聖母醫院並不陌生。當初耕莘醫院與聖母醫院，是天主教在臺灣據點中很重要的兩所醫院，「我岳父母曾說，早年臺北還沒有耕莘醫院時，天主教友都會到羅東聖母醫院看病，並叮嚀我在臺灣行醫，不能離開教會醫院！」而馬光漢也恰恰服務於耕莘醫院與聖母醫院兩院。

一九九七年在耕莘醫院服務的馬漢光，到澎湖惠民醫院支援，當年澎湖有三家醫院，除了惠民醫院還有公立醫院、海軍醫院，唯有惠民是私立，最大的危機就是醫護人員不足，只能請耕莘醫院支援。

「每星期六下班後，我就搭機到馬公看夜診、急診，星期日全天值班，星期一再搭最早班機回臺北耕莘醫院，四年沒間斷過。」在惠民醫院時，他任何病狀都要診療，如果是重症或緊急外科手術就要移送臺灣本島。馬漢光院長印象深刻的是，在漫漫醫師生涯中，「有種病症只在澎湖出現過，很多觀光客被水母螫到！」彼時他還得翻書查資訊，才知道如何對症下藥。

從神父身上學會無私

在澎湖四年，馬漢光院長除了看診，最大的收獲是更深入了解「靈醫會」的精神和貢獻。「我從醫院裡的何修士、高神父、修女們身上學到很多，他們是長者也是智者。」他感嘆，休假對神職人員是件奢侈的事，他們是全年無休的。馬漢光院長回憶道，當年醫院護理人員都是一人當好幾人用，甚至不夠用，高國卿神父還多次親自開救護車到患者家，將患者背上車再開回醫院，再背上病床。

馬漢光院長說，他在神父、修女身上看到了真正的奉獻精神。一般復健科都是八、九點開診，但神父都會在七點多就打開大門，讓早起早到的病患入內提早診治。

本來已屆退休年齡的馬漢光院長，接到神父的電詢，接下聖母醫院院長一職。就任後，馬漢光院長積極與各單位懇談，希望能對院務更加熟悉上手，「全臺灣擁有最多神父的醫院就是我們聖母。」

馬漢光坦言，神父對醫院的經營想法有時與自己略有不同。例如，醫院中大廳有間「愛心小鋪」販賣二手商品，位居黃金地段，他身為院長，「替醫院賺錢」是首要目標，因此希望「愛心小鋪」能讓出位置，將黃金地段做更好的營利規畫，但神父認為「愛心小鋪」是靈醫會的精神象徵，賺錢固然重要，教會的精神不能放棄。「聖母醫院有賺錢嗎？」我很好奇地問。馬漢光院長說得直接：「有！」

已任職兩年院長的馬漢光說，聖母醫院環境好，是充滿愛心的地方，「院長如果整天都在想賺錢，同仁應該會看不起我。」然後立刻又說，神父們一點都不擔心醫院有沒有賺錢，因為如果虧損可以靠募款來解決問題。神父們是用盡愛心來照顧聖母醫院，「但我也不能一直叫神父去對外募款啊。」

身為醫院的CEO，是要用行政管理來領導？或是用神父般的愛心來治理？這兩者的拿捏，難免讓馬漢光院長產生迷惑與思想衝突，但他從神父身上體會到：「我不只是院長，也是教友，教會的精神和宗旨必須傳承，福傳才是教會醫院的根。」

羅東聖母醫院長久以來為人讚譽的一項善舉：「讓貧困的人看病，診治費用可以寫借據欠著。」對於這事，馬漢光院長說，其實教會醫院都有這個不成文的服務，但唯有聖母醫院最爽快。

馬漢光院長說，其他教會醫院對借據都保留著，但聖母醫院是到達某個年限就將借據一把火燒掉，「對大多數人而言這可能很不可思議，但神父相信在臺灣做好事，一定會有人來幫忙。」

把草養綠，將目光放遠

馬漢光院長將二〇二〇年定為「行政年」，開始著手更換院內的老舊電腦系統，讓醫護診治更方便，行政業務更順暢更有效能。對聖母醫院未來的願景，馬漢光院長表示，他最大的目標，是找到更多更好的醫護人員一起來服務教友與宜蘭人。他這般告訴神父說：「草養綠了，就會有很多馬跑來吃，裡面一定會有千里馬。」他自己是教友，有使命，不僅要培養出接班人，更要把草養綠。

臺灣逐年邁向高齡化社會，長照服務、高齡照護勢在必行，也是醫院的新走向。馬漢光院長舉例，他正在逐年將院內的手搖病床改為電動床，這是一筆大費用，但更換之後，不僅病人會感動，家屬會感激，最重要是減輕醫護人員的體力付出。「改善工作環境對醫護人員不僅是尊重也是一種加薪，更能留住人才，這就是我說的：把草養綠。」

二〇一九年羅東聖母醫院聘入十位新進醫師，這是以往少有的狀況。「十位醫師的薪水支出很大，但好的口碑會讓病人願意來就醫，所以聖母醫院去年是有一些盈餘的。」馬漢光院長很滿意，因為盈餘能更新設備、也能為辛苦的同仁加薪，「就不用麻煩神父到處去募款了。」

有人常問馬漢光院長說：聖母醫院的神父那麼多，會不會很辛苦？馬漢光院長表示：「神父們不只愛病人、愛同仁，對我也很尊敬，神父常說，只要你覺得對病人好的事，就放心去做，但永遠都別忘記聖嘉民『視病猶親』的精神。」他一直將這些話放在心底，並期許自己，可以和聖母醫院內的外籍神父們一樣，為臺灣奉獻一輩子。

輯二

維護每一個生命的尊嚴

白寶珠女士等人全心投入醫療工作，為痲瘋病患者、身障者帶來新的希望。不求回報的他們，總是將患者的笑容視為最好的禮物。

澎湖人永遠的母親——白寶珠女士

只要是澎湖人，幾乎都會認識白寶珠，就算不認識，也會聽說過。年少的稱呼她「白阿嬤」，中年的稱呼她「白阿姨」，年長的稱呼她「白姑娘」，大家會這麼親暱地稱呼她，是因為她從一九五五年開始在澎湖投入痲瘋病醫療工作，直到二〇〇八年安息回天家，總共在澎湖居住長達半個世紀之久，她的一生奉獻都給澎湖人，只為了要根絕澎湖的痲瘋病。受過專業護理訓練的護士白寶珠，是美國信義會派到臺灣來的宣教師。

她有兩年時間在馬偕醫院和樂生療養院工作，接觸到不少來自澎湖的病人，她發現這些病人必須遠渡大海，再辛苦地從高雄搭火車才能到臺北。因此，在一九五五年她從高雄搭船去澎湖，開始她對痲瘋病人的醫療服務。

從被排斥到受肯定

當時臺灣人對醫藥衛生的認知還相當不足，大家一聽到「痲瘋病」都非常惶恐不安，甚至臺灣還拍過三次與痲瘋女相關的影片，內容對痲瘋病的介紹更是錯誤百出，也加深了澎湖人對痲瘋病的懼怕。因此，每當白寶珠帶著助手去探訪病人，病人只要看見她來，就會趕緊叫家裡的人從後門溜走，沒有人願意與她接觸。

因為對痲瘋病的未知和恐懼，每當有病人去世，家屬都會靜悄悄地將去世的親人包裹起來，利用夜深人靜的時候，偷偷地帶去墓園埋葬。白寶珠為了要排除澎湖人對痲瘋病的恐懼，她甚至會去病逝人家裡，親自替去世者擦拭身體、換穿衣服、處理後事，讓許多人因此感到震驚不已，便漸漸地傳出風聲：「白姑娘很厲害，痲瘋病菌不敢吃她。」也因此，她才開始被澎湖人接納。

白寶珠不但去痲瘋病人的家，也跟病人一起用餐、聊天，聽他們生病後遇到苦難的生命經歷，這些都更加堅定她要把一生都投入在痲瘋病醫治工作上的決心。她很清楚：痲瘋病會如此令人恐懼，是因為眾人對痲瘋病的認識不夠。所以她認為，不只是要醫治病人，還要醫治澎湖的社會，只有大家都認識到痲瘋病並不是個可怕的病症，也不會傳染，才能使痲瘋病人真正從痛苦中解放出來。

讓病患擺脱世人異樣的眼光

為了保護病人不被他人看見，白寶珠也要求政府設立的澎湖醫院必須設置「特別皮膚科」，讓這「皮膚科」的門診和掛號通道，跟一般科別區隔出來。也因為如此，每當新的院長上任，前任院長都會提醒新院長，說她「是個很麻煩的人物，要小心應付」。即使如此，白寶珠始終這樣堅持，直到她去世，都沒有讓任何一個病人的病歷洩露出來。

二〇〇八年，當澎湖不再出現痲瘋病例時，白寶珠特別舉辦一次小型的慶典，並且將澎湖醫院的三間特殊門診鑰匙交還給醫院。同時，她做了一件令所有人深受感動的事，就是將所有病人的病歷都燒毀，為的就是保護病患，不讓任何人知道誰曾是痲瘋病人。

白寶珠在美國的弟弟知道她已經完成在澎湖的醫療奉獻工作，這裡不再有痲瘋病人，便一直催促她回美國去，也設法透過美國在臺協會官員幫忙這件事，但都被她拒絕。她立下遺書表示：「自己是澎湖人」，要求在她死後，不要將她的身體帶離澎湖，並且要將她身邊還可以用的所有東西都送給澎湖人。她去世的時候，身上只剩下兩萬多元新臺幣，因為她將所有退休金都用來買藥品、食物、用品，來幫助那些貧困的病人和家庭。

二〇〇八年四月八日白寶珠在睡眠中安息回到天家，享年八十八歲。她在遺書上提及一段自己非常喜歡的《聖經》經文：「上帝說：『我從天涯海角把你帶來；我從遙遠的角落呼喚你……我沒有遺棄你，我揀選了你。不要怕，我與你同在……』」

就是因為這段經文，使她全心投入澎湖的痲瘋病醫療工作。她認為，既然這是上帝給她的使命，她無論如何都必須達成。既然上帝召喚她這麼做，她就不必害怕。現今，在澎湖的春暉公園裡有一座紀念白寶珠的雕像，白寶珠坐著，在她的雙腿上抱著病人，一如她對澎湖人的愛，永不止息。

對痲瘋病患的默默守護——高國卿神父

「爸爸是魯凱族，媽媽是泰雅族，我姓高是跟著媽媽姓，我是家裡的老大，從小在桃園縣復興鄉長大，直到小學六年級才搬到宜蘭縣的大同鄉。」高國卿神父坐在教堂內，緩緩地介紹自己。

一九四九年出生的高國卿神父，承認自己因為沒有考上初中，本來打算直接開始工作，卻在因緣下遇見靈醫會正在傳教的外國神父問他：「要不要繼續讀書？」

十二歲進入修道院，高國卿順利重拾書本，深入了解天主教義，「其實我們全家在桃園時就已經領洗為天主教徒，所以對天主教並不陌生。」但當他發願成為神父時，父母起先是反對的，因為神父不能結婚，父母甚至以「你是長子，有義務扛起家庭責任，讓弟弟去當神父好了」來勸退他，但經過溝通，父母最終仍支持他的決定。

高國卿神父笑著說，日後當神父了，反而為家鄉做了很多事，也讓父母感到很驕傲。修道院外聘老師教導初中的課程，結業後高國卿神父再進入聖母護校為十六位修士開設的特別班就讀，但因天主教靈醫會修道院並未正式向教育部登記，所以不能授予正式文憑，畢業生無法參加高中職聯考，校方只好把他們掛名在補校底下繼續再讀三年，才取得初中畢業證書，「我等於讀了六年的初中啊。護校畢業後我沒有去考護理師證照，除了急著要入伍服役的原因外，當年護校都是女孩子，自己不好意思去報考。」

退伍後，高國卿神父被靈醫會派往澎湖惠民醫院，學習檢驗與X光的操作，拿到原子能委員會認證的「X光操作士」資格。

在澎湖工作時，還未晉鐸的高國卿神父經常被病人問到：「你一個月薪水多少？你有沒有女朋友？你不結婚嗎？」當時，這些問題讓他不勝其擾，因為他還沒找到一個好的答案。一年後，他返臺攻讀輔仁大學附設神學院，寒暑假時，高國卿神父總是飛回澎湖，為了照護小兒麻痺症的孩童，他召集大專生成立小團體規畫夏令營，陪伴並教導他們學習一技之長。

讀了五年的神學院，高國卿神父找到答案了，再面對前述的質疑時，他總是這樣回答：「就是沒結婚，我才有時間專心來照顧這些病人。」

決定人生志向

神學院畢業後，高國卿神父面臨兩條人生道路的選擇，一是當修士，在醫院服務病患，另一則是發願當神父。「我選擇當神父，因為除了可以宣教，更可以為家鄉原住民的醫療健康多盡些心力。」

一九八〇年，高國卿神父晉鐸，開始在羅東聖母醫院工作，同時也從事牧靈。高國卿神父說，當年百姓普遍貧困，生病卻因為沒錢而不願就醫，多數人因此延誤病情，於是他決定在醫院創立社工部門，透過系統化、制度化的方式來募款，協助貧病患者安心就醫。

同年十月，醫院派送高國卿神父前往義大利進修，認識聖嘉民「主的精神」，兩年後返國再投入醫院社工服務和山區義診醫療服務。一九九五年，高國卿神父兩度被派駐澎湖惠民醫院擔任副院長，他說，在人力不足下，自己也要當司機兼開救護車載送病患。「當時醫療資源欠缺，許多獨居老人和失能者都沒有親人照顧，靈醫會都主動幫忙。」當年正是全民健保開辦初期，所有就醫程序、制度、業務都要重新學習磨合，這個經驗讓高國卿神父在管理醫院的領域上成長不少。

走上何修士未竟的旅途

第二次到澎湖，高國卿神父已經相當熟悉當地所需，他回憶道，當年惠民醫院只有內科兩位醫生，人力非常短缺，每個月要虧四十萬元左右，「我只能求助於臺北耕莘醫院，最後決定將惠民醫院轉型為護理之家與重殘養護中心，讓無依的長輩、榮民和身障者有完善的照護……當年雖然是掛副院長之職，但何院長長期在中國為痲瘋病患服務，醫院的大小事就由我和全院醫護人員一肩扛起。」

提到惠民醫院院長何修士，高國卿神父說，何修士長期在中國服務照護痲瘋病人，有次帶他一起到中國參加痲瘋病服務中心基地的動土典禮，讓他深入了解痲瘋病的概況。不料，回臺灣不久，何修士就在宿舍的椅子上，安詳地上了天堂。

「那何修士未竟的工作怎辦？我只好接手了。」高國卿神父開始往返中國，不僅要緊盯基地的工程建設，也要開始到各省偏鄉去服務痲瘋病患、設立更多服務基地，持續二十多年的時間走遍雲南、四川、河北、貴州、陝西等被一般人排斥的痲瘋村，直到二〇一七年才結束在中國的服務返回羅東。

高國卿神父說，剛開始接觸到痲瘋病患者，心裡是會害怕的，不僅不敢伸手去碰觸他們，甚至都站得很遠。但看到其他神父、修士們主動擁抱對方，只能硬著頭皮也去握手擁抱。久而久之便放下了內心的防備，也從醫生那裡得知痲瘋病患只要按時吃藥，其實傳染力是不高的。

「當然，更需要改善當地水源與衛生條件，這樣一來，就算和痲瘋病患生活在一起，加上自身的免疫力強，就不容易被傳染到，但這些都要花時間去改正恐懼痲瘋病人的觀念。舉例來說，兩位痲瘋病患結婚生子，小孩不一定會遺傳或被傳染到痲瘋病啊。」

高國卿神父由於從小鼻子就失靈，嗅覺比一般人差，所以在衛生條件不好的痲瘋村，卻顯得相當自在，能近距離地接近痲瘋病人，也更能得到他們的信任。

罹患胃癌後，信念依舊不變

回到羅東聖母醫院後，高國卿神父再度投入社工部門，讓業務更有制度，人員更專業。他指出，聖母醫院長久以來對於貧困人士，都有就醫優惠，甚至可以寫借據「欠帳」，醫院開始有社工部門後，不僅可以有能力募款來設置基金專款協助，甚至追蹤病患術後恢復與家庭經濟的狀況，如果還需要再幫忙的，社工就再介入或轉介政府單位輔導，這樣的制度比「欠帳」更能幫助貧困病患。

二〇〇二年某一天，高國卿神父突然覺得胃部不適，就診後竟發現是胃癌第一期，經開刀治療後恢復健康，但他並沒有因此而減少服務行程，休養不到三個月，又即刻前往中國雲南參加痲瘋社區服務基地的落成典禮。

高國卿神父在中國為痲瘋病患的大愛和不畏懼的精神，以臺灣人的身分當選中國痲瘋服務協會的理事長，成為醫界佳話。「要惜福！而且，付出也是一種喜樂。」神父總是這樣告訴他人。

然而，中國近年卻宣布「中國已根除痲瘋病」，讓靈醫會的努力化為烏有。高國卿神父說，中國這項宣布是將有限資源移做愛滋病、肺結核等新興傳染疾病防治，但卻阻斷了世界衛生組織繼續提供藥物的管道，使得中國境內三十餘萬名痲瘋病患難以治癒。

癌後再回到羅東的高國卿神父不僅重回第一線服務病患，更抽空到臺北教育大學修習在職研究班，取得碩士學位，希望可以有更好的高度來培育護理人才。

二〇〇六年，高國卿神父以史上第一位原住民神父身分獲頒第十六屆醫療奉獻獎，他期許自己再做十年、二十年，直到做不動為止。「能因天主而為人服務，我覺得這一生圓滿了。」

在風沙中看見希望——陳仁勇院長

「我媽常說，我笨到只會讀書。」惠民醫院院長陳仁勇的開場白擲地有聲。他是么兒，讀國中時，家裡只剩他一個小孩，其他人都出去工作了，寂寞之餘，讀書成了他生活中最重要的事，最後考進臺北建國中學。

一個宜蘭長大的孩子到了大都市，進了全國最頂尖的高中，陳仁勇幾分謙虛、幾分自信這樣形容自己：「因為笨到只會讀書，所以在建中適應得不錯。但其他事都不行！」

「什麼事不行？」「當院長啊！」陳仁勇毫不猶豫地說，因為他最不喜歡做行政的事。

一九五八年生於宜蘭礁溪的陳仁勇最常被他人疑問的是：「你今年六十二歲？不會吧，你看起來根本像五十歲出頭。」滿頭黑髮、一臉娃娃臉的陳仁勇，每次都只能用尷尬的笑容回應：「那就表示我沒什麼在做事情。」

在讀建中期間曾發生過一件趣事，有位化學老師抽問皮膚黝黑的陳仁勇，但平日就害羞寡言的他並沒有立即回答，老師疑惑問他是不是僑生，陳仁勇回答：「是從宜蘭來的。」「喔，宜蘭來的僑生。」惹得全班大笑。

背負父母期望，進入醫學系

當年高中男生大都是選理工，陳仁勇的父母卻希望他能填丙組讀醫科，不曾忤逆父母的陳仁勇填選了醫學系與心理系。「我很喜歡心理系，或許日後醫學專科選神經科也是原因之一吧。」在臺大醫學系畢業後，陳仁勇順利進入臺大醫院神經內科服務，「我對神經內科有興趣，裡面最常見就是中風、坐骨神經痛、頭痛的病人。」

陳仁勇院長當年在臺大醫院服務四年，他邊回憶邊說，當年檢查沒有這麼進步，就會聽到一個笑話：「內科是know everything but do nothing，外科是know nothing but do everyting，病理科是know everying and do everything but too late，神經科則是know nothing and do nothing。」

他解釋，中風就是一種腦的傷害，一旦腦受傷就會出現一些特殊的症狀，但大部分的人並不會注意到。他舉出兩個病例，一個是二十多歲的女孩，突然講不出話，初判也許是壓力太大、沒睡好，但再經過檢查才發現是中風。還有位老師突然不會看報紙，可以講話但就是不認識報紙內的字，這些少見的案例最後都被檢查出是中風引起的。

「而且中風後，如果沒有在三小時內的黃金時間治療，要恢復完好的機會就不太可能了。」陳仁勇說，惠民醫院護理之家也有個案例，病患酗酒後中風影響到記憶，發病後會有一段的舊記憶喪失，而且也記不住新發生的事。

自願前往澎湖

二〇一三年，返鄉在羅東聖母醫院服務超過二十年的陳仁勇醫師，被調升為教研副院長，但陳仁勇自認是個會做事、會研究但不會教學的人，副院長一職對他來說頗有壓力。正好，澎湖惠民醫院有醫師職缺，他就主動申調前往。

沒想到的是，「來澎湖後一年多，竟被交付院長一職，是出乎我意料的。」陳仁勇自嘲，他算是「認命」接下院長一職，希望醫院趕快找適合的新院長來接手，「我原本只想暫時頂著，但沒想到，接就是五年。」

除了日常的門診，身為院長的陳仁勇，也要管理人事、看顧院內總務雜事，「靈醫會對澎湖惠民醫院唯一的希望是可以長久經營下去，但日後要做什麼，就要有人長期在這邊評估澎湖的整個社會與醫療體制是需要什麼。」

陳仁勇院長分析，經過他六年的在地生活觀察，澎湖的兩家部立醫院與三總醫院都有政府的支援，以一所教會醫院的角度來看，慢性病的處理、術後復健、照護都是惠民可以勝任的。另外，早療孩子的復健在早年就是惠民的強項，未來可以繼續，「目前惠民的護理之家在澎湖就有好口碑，未來也要繼續。」

「在惠民醫院擔任院長五年之久，靈醫會應該是肯定你做得很好啊？」我這樣問。陳仁勇院長回答得很直率：「我不可能做得很好，醫院的帳目都不太會看、公文也不太會簽……行政不是件簡單的事，接了院長才知道我不適合當院長。」

惠民是小醫院，醫病關係的緊密度是好的，陳仁勇院長說道：「很多住民知道惠民要新建醫療院區，就會主動來捐款。」有些年紀大的澎湖人知道惠民早年是由義大利神父們創辦經營，救治許多貧苦病患，所以前些日子，呂若瑟神父發起捐助義大利醫療器材時，很多民眾來詢問捐款相關事宜，後來知道捐款足夠，就改捐給惠民醫院的新建案。

從院長到口述歷史工作

院長的壓力，陳仁勇靠著「走路」來消除，他說，馬公的休閒很多，跑步、游泳都會，但最常做的是陪太太走路，馬公、白沙、西嶼都走過了，「通常是早上七點多搭公車到西嶼的外垵，再走路回馬公，大約三十公里。」每年在澎湖舉辦的馬拉松與勇渡澎湖灣游泳，他甚是感興趣，卻都正好有事錯過，「希望明年都能報名參加。」

雖然是基督徒，但陳仁勇院長對於早年義大利籍神父渡海來澎湖，在各地傳教、興建碼頭、蓋教堂的路線很有興趣，經過研考，他會陪同太太分次順著神父的足跡行走一次，感受當年神父的心路歷程。

這個念頭來自一次在羅東聖母醫院整理史蹟館時，發現第一位到澎湖的義大利神父羅德信的義大利原文著作，內容是記敘羅神父抵達澎湖後感受的風土人情、親身的所見所聞、與當地人訪談的內容等等。

陳仁勇院長說，原文書中甚至有羅神父塗改的手跡，顯示有意願再版時增補內容，但可惜羅神父在一九八七年病逝，再版成了遺憾。他到澎湖後，擔心這本珍貴的原文著作會被時間遺忘，決意向澎湖文化中心提出出版中譯本的計畫，終在二〇一九年出版《臺灣海峽中的澎湖：風和沙之島》一書。

陳仁勇院長說，醫生沒有退休機制，所以他不會離開醫界，未來會繼續朝著為臺灣醫療做口述歷史紀錄的工作，如同羅德信神父曾寫的：「那裡的風很大、沙很多，但也充滿了希望。」口述歷史的工作不容易，但陳仁勇院長相信，只要努力去做，就依然有希望。

不只醫治病痛，還醫治他們的心——蕭天源醫師

蕭天源醫師，一九五〇年生於彰化社頭，在學齡前最愛到溪州鄉溪州國小對面的天主堂玩，「其實是去拿糖果啦，柑仔糖，那裡的義大利籍神父對我很好，神父們都很慈祥。隔壁的基督教堂則在分發麵粉。」這是他最初接觸基督的緣分，不過，父親一直告誡他：「糖果可以吃，麵粉不准拿，因為家裡的環境是好的，不要占了他人的需要。」

為了接近心儀的女孩而選擇醫科

蕭天源回憶小學、初中成績不佳，想要找老師補習，卻被其他同學排擠，只好自己在家苦讀，沒想到讓他拚進臺中一中；努力成果換來自信心，考大學時竟只填了四間醫學院：臺大醫學院、臺北醫學院、高雄醫學院、中山醫學專科學校。父親大怒，責罵他一輩子都好高騖遠。

「其實我不是立志當醫生啦，是因為有位女同學選丙組就讀，為了接近她並能坐在她旁邊，我才跟著選丙組啦。」蕭天源很誠實地坦白。

蕭父是工程師，希望兒子能克紹箕裘，但蕭天源情竇初開，硬是要選丙組就讀，父子為此還爭執了一番。最終蕭天源考上中山醫學專科學校，後來對骨科產生興趣，一路走來三、四十年，已成為骨科名醫。他笑說，要不是有單戀的動力推著他讀書，以他的成績要考上任何醫學院都是不可能的。

「那位女同學呢？」我好奇地問蕭醫師。「她後來考上師大公共衛生系再轉數學系，是公費生喔。」蕭天源至今仍讚美著她，但又直言自析，自己身高太矮，本來就追求不到她。

停頓一下，蕭天源說，去年這位女同學有聯絡上他，她腰椎不好，來諮詢醫治意見，「見面那天，我心臟還緊張得跳很快耶！」

以醫療服務為重，貢獻一己之力

蕭天源說，他其實可以自行開業骨科診所賺大錢，但「不貪心」是他的原則，幾十年的醫路都在中山醫院度過，日後也才有機緣到澎湖惠民醫院服務至今。

二〇〇三年澎湖惠民醫院因實施全民健保後，大量流失醫護人員，蕭天源醫師被派駐惠民醫院與鎖港分院開設骨科門診，兩年後便接手院長職務。

服務惠民醫院期間，蕭天源醫師喜愛澎湖的人文風情，了解早期神父草創惠民醫院的精神，更結交許多當地摯友，「我真的捨不得走。」他決定放棄回臺中中山醫院的一切，留下來繼續為澎湖人服務，把一切都交給天主。

至今未領洗的蕭天源醫師說，自己雖不是教友，但他常感應到天主的暗示，他舉例，有次遇到來醫院開會的一位神父，自己馬上就捐獻六千元給神父，神父驚訝地婉拒，蕭天源告訴神父說：「昨晚天主告訴我，神父你需要這筆錢。你拿著沒關係，錢是天主的，不是我的。」

服務惠民期間，蕭天源醫師曾和義大利籍的李智神父與呂若瑟神父共事過，惠民交給中山醫院經營的那段期間，兩位神父經常往返澎湖關心營運狀況。

「我沒有讓兩位神父失望過。」蕭天源說，神父總是醫療愛心放第一，盈虧在其次，但沒有賺錢怎麼能布施愛心與溫暖？幸好，惠民在員工的努力下，有愛心也有盈餘，「遇到手頭不方便的病患，醫療費用能打折我們就打折。」

把自己當成澎湖人，為當地全心服務

蕭天源醫師說，澎湖人很有趣，生病了不一定想就醫，所以醫護人員兼負有心靈諮商的責任，才能讓病患願意將身體交給醫院診治，「惠民的醫護人員這點做得很好，把病人當成自己的長輩對待，在互動過程中，不只醫治病痛，更醫他們的心。」

惠民醫院日後轉型為慢性病醫院及護理之家，沒有開刀、沒有病房，但來惠民看骨科門診的病患並沒有減少。蕭天源細細述說，他的用藥是有技巧的，盡量少用含類固醇的藥物，再加上復健師的照護，有些膝關節的病例經過十幾年，仍沒有惡化甚至更勇健，「有位八十多歲的阿伯，他的膝關節與骨骼年紀比年輕人還好。我看到他在日常行動自如有活力，就是我行醫最大的成就感。」

澎湖居民以魚為主食，蕭天源卻發覺，居民罹患骨質疏鬆症的比例很高，魚肉的蛋白質很高，但反而沒有對骨骼有助益，這是件奇怪的事，讓他驚覺：是不是過量的蛋白質，反而易造成鈣的流失進而引起骨質疏鬆？後來查詢報告，果然有這樣的案例。因此，他在診治骨骼病變時，也格外關心病患飲食狀況。

蕭天源打趣說，他如果不當醫生應該就會去做流浪漢，也因為自己有這種性格，所以才能走到哪、醫到哪，「我是有醫生執照的流浪漢啦，哈哈。」

問七十歲的蕭天源醫師何時要退休？他中氣十足地回答：「臺灣多得是九十

幾歲還在看診的醫師，如果身體狀況許可，就是做到不能動的那一天。」

別人問蕭天源醫師是臺灣哪裡人，他總是豪爽地說：「澎湖人啦！都住十七年了，還能不是澎湖人嗎？」從早年羅德信神父為澎湖人築造碼頭之後，加上何義士修士、李智神父、呂若瑟神父等人協助弱勢住民的醫療照護，靈醫會的精神與毅力也將繼續由蕭天源醫師傳承下去。

為病患看診是一種快樂——鄭武宏醫師

「我家在屏東林邊鄉種田養魚，父親在我五歲時就過世了，所以我對他沒有太多印象，是母親一手養大五位小孩。」一九四三年出生的鄭武宏醫師說，小時候成績普通，但由於兩位姐姐都嫁醫生、一位哥哥當醫生，所以家人期望他也能行醫。

自謙成績普通的鄭武宏醫師，一路考上高雄中學，再考上臺北醫學大學，「家裡的人都很高興，至少我照著他們的期待走。」

畢業後第一份工作任職於彰化基督教醫院婦產科工作，鄭武宏醫師試著回想還是新手醫生的情景，由於當年醫療器材仍不發達，「得常用自己的嘴巴當軟管，吸出卡在嬰兒喉嚨內的羊水。」這是他記憶最深刻的事。

到美國發展，一待就是三十八年

一年後鄭武宏決定到美國紐約深造，他表示，當年英語還不是很流利，在第一線面對病患問診是很大的挑戰，幸虧三、四個月後就上手。經過五年的專業訓練後，取得婦產科的專科執業證照。

因緣際會下，在喬治亞州的友人邀請鄭武宏合夥開診所，一轉眼五年過去，鄭武宏又到加州自行創立婦產科診所，「我從美國東部再到南部，最後到達西部，跑了大半的美國。」

鄭武宏坦言，其實他從沒想到會在美國度過人生最精華的三十八年，但就他的觀察，臺灣和美國的孕婦對生產後的照護是大不相同。

「臺灣有坐月子的習慣，美國人則沒有。」鄭武宏說，美國人沒有坐月子的觀念，自然產後兩、三天就開始日常的工作，沒有讓身體有復原的時間，對飲食也沒有控制，冰熱皆吃，所以比較容易有子宮下垂的機率。

在南加州執業期，除了華人婦女、美國人，最多的是墨西哥產婦會來看診，鄭武宏說，墨西哥人如果信任你了，不僅自己是忠實客戶，更會介紹親友都來看診，「有一位墨籍產婦的十位孩子，都是我親手接生的。」最令他感動的是，當他要離開美國返回臺灣前，那位墨籍婦人帶著十位孩子、女婿、孫子們，三代家族來了快二十人為他送行祝福，並感恩鄭武宏守護她全家人的健康。

在上帝應允下，毅然決然回臺灣

一九七二年到美國，他早已拿到美國公民，兩位孩子也都在美國出生長大，住在南加州是很舒服的環境，適合養老過下半輩子，「但是，我聽到上帝呼喚我回臺灣。」鄭武宏說，友人在恆春基督教醫院服務，說服他回臺到恆春基督教醫院婦產科服務已好多年，但他都沒有應允。

鄭武宏說，應該是上帝給他一個徵兆：長年雙手掌心疼痛。他發現：疼痛之處，與耶穌雙手被釘上十字架的位置相同。

因為檢查不出疼痛的病因，飽受之苦的鄭武宏決定退休。有日鄭武宏在家祈禱中聽見上帝的召喚：「你還要繼續過如此舒適的生活嗎？」

於是，鄭武宏在二〇一〇年來到恆春基督教醫院婦產科與家醫科服務，掌心的痛竟不藥而癒。

在恆春行醫時，鄭武宏發現當地人多患糖尿病，為此他特地去考照護糖尿病患的證照。後來鄭武宏並沒有在恆春置產，他與太太一起住在醫院宿舍五年之久。平日有假期就往澎湖跑，對澎湖有極好的印象。某日，鄭武宏接到澎湖衛生局長的電話：「我們這裡需要您幫忙。」原來是白沙鄉衛生所的醫師生病在臺灣治療，當地缺少一位醫師。

鄭武宏二話不說就渡海到澎湖代班三個月，原本要回恆春的他，竟又接到澎湖惠民醫院邀請他擔任一般科醫師，「我太喜歡澎湖了，治安好、空氣好、風景好，最重要是澎湖人溫和良善，所以乾脆就定居留下來。我有三個故鄉，出生在屏東、工作在南加州，現在定居澎湖，連戶口都入籍，我不會再離開澎湖了。」

受到神父在澎湖行醫的精神鼓勵

二〇一七年二月鄭武宏開始在惠民醫院執業看診，對象以糖尿病與三高患者為主。他也開始了解惠民醫院的歷史。「惠民醫院長久以來幫助許多澎湖人。」鄭武宏醫師說，他見過呂若瑟神父一次，知道歷年來有很多義大利籍神父來澎湖行醫傳教奉獻，對於這些神父，只有滿滿的佩服與感恩。

鄭武宏醫師信仰基督教，他說幾十年來的行醫讓自己了解，他是奉上帝之名來服務病患的，每次為產婦接生、重大手術前，他一定向上帝禱告、為患者祈福。所以他可以體會神父們「永遠不會過勞、永遠不會不耐煩的精神」。

鄭武宏醫師說，澎湖有三間醫院，資源最少的惠民醫院走出自己的特色，在治療慢性病與護理之家方面獲得住民的肯定，「來惠民的患者對醫師的專業非常尊敬，醫病關係良好，所以我覺得為病人看診服務是一種快樂而不是壓力。」

在美國打高爾夫球與網球維持健康的鄭武宏說，現在他七十多歲了，定居澎湖後，能隨意走到海邊散步吹涼風，是最大的休閒與幸福。

問鄭武宏醫師一個「回到過去」的問題：「如果當年不走醫生之路，會選擇什麼行業？」鄭武宏笑著說，他小時候很喜歡畫圖、喜歡欣賞宏偉的建築物，在考大學時曾有念頭想填選建築系當建築師，但家人力阻說：「當建築師會餓死啦。」

他進一步解釋說，早年臺灣經濟不好，蓋房子也少，所以當建築師真的賺不了錢，「我現在在西嶼鄉自己畫設計圖蓋房子，也算是圓夢。」

最後問鄭武宏醫師還願意服務多久才想退休，「我的體力能到多久，上帝願意讓我服務到何時，就一直做到那個時間吧。」他毫不猶豫地說。

當醫生是件幸運的事——曹傑漢醫師

「我念書時成績算不錯，父母親說要不要去考醫生看看，一考就上中山醫學院。」原本和曹傑漢醫師約訪在醫院的會議室，但他的門診病患不斷，抽不了身，我乾脆到診間找他，前一個病患離開，換我坐上診療椅訪談他，下一位病人進來，我再退開，讓曹傑漢醫師先為患者問診。

分科時選耳鼻喉科，畢業後曹傑漢順利回母校醫院開始行醫，從住院醫師、總醫師、主治醫師一路服務至今二十　年。

自願派到澎湖服務

二〇〇三年中山醫學大學接手經營澎湖惠民醫院時，曹傑漢是第一批渡海支援的醫生。「為什麼會來惠民服務？因為我就乖乖的，有什麼不好的缺，第一個就會找我吧。」曹傑漢這般回答，神情幾分正經又帶些許笑意，讓人不明白其中真假。

曹傑漢醫師解釋，剛開始要調派人手到澎湖輪流支援三星期時，科內醫生對澎湖都很陌生，他自己正在報考碩士班，支援的意願也不大，但長官交付任務了，就算心裡不願意，還是得承接，「我不是個會躲事情的人，很多人不想支援偏鄉地區及海外醫療，但我都會接下任務。不過，來澎湖支援三個星期，就愛上澎湖了，這裡的人很可愛。」

三個星期任務結束返回臺灣，曹傑漢醫師主動向醫院請纓：「我自願固定到惠民醫院支援。」從此，曹傑漢每週四早上從臺中飛到馬公看診，星期五看完下午最後一診再坐晚班機回臺中，日復一日過了十七年，就算中山醫院撤回經營權，醫護人員歸建，曹傑漢仍願意每星期往返臺中、馬公，只為了可以多照護澎湖人。

在惠民醫院服務期間，曹傑漢醫師曾見過呂若瑟神父兩次，他說，初到惠民醫院服支援，根本不了解醫院的歷史，也不清楚早年義大利籍神父為澎湖人創辦醫院的初衷，但隨著一年一年的服務與深入了解神父們之於澎湖的種種奉獻，「我真的由衷地欽佩。」

「如果有時因天候問題沒飛往澎湖而待在家，太太還會嫌我在家『占地』、礙手礙腳的。」曹傑漢說，飛了十幾年早就習以為常，不覺得辛苦。而且有些病患長期掛診，已經對他們的病情相當熟悉，「早期是治療疾病，現在是讓他們不要失能。」

前往吐瓦魯做義診

除了長期不間斷地到澎湖看診，曹傑漢醫師也經常前往臺灣邦交國吐瓦魯做外交醫療義診。吐瓦魯是全球第四小的國家，人口約一萬餘人，從臺灣出發得花三天、轉機三次才能抵達該國。

曹傑漢醫師第一次前往吐瓦魯是二〇〇九年，待了半個月，至今總共去了八次吐瓦魯。他說，那裡的生活條件不好，缺水缺電，當地小朋友感冒後如果沒有適當治療，又跑去游泳玩水，很容易染上中耳炎。

十一年去了八次吐瓦魯，我問曹傑漢醫師：「那裡有什麼人事物吸引著你嗎？」他表示，派往吐瓦魯的醫療合作計畫本應該是科內醫師輪流，他去了一次後，該輪到其他醫生，但被支派的醫生不想前去，就來拜託他代替，「我的初衷就是這份工作是為國家做事，總得要有人去做，別人不去，我去。臺灣的外交處境困難，我有使命感去做這件事。唉，武俠小說看太多就這樣。」

「我有蒐集疾病數據的習慣，吐瓦魯國人耳膜破裂的病例太多，我就開始做衛教的宣導，告訴他們如果不注意小孩的耳疾，未來他們在學習上會有障礙。」曹傑漢醫師說，除了小孩，因為該國人民肥胖者多，導致多數人患有阻塞型睡眠呼吸中止症，吐瓦魯第一例的睡眠呼吸中止症手術就是他主刀的。

曹醫師回憶說，有次在吐瓦魯開刀時，竟遇到全國停電，幸好是耳朵手術，出血量不多，而且用頭燈照亮即可勉強應付，如果是喉嚨手術就慘了。

曹傑漢醫師說，在吐瓦魯看診比在臺灣辛苦，該國長年溫度都在三十度以上，醫療團從一大早工作到晚上，在沒有空調的室內看診二百多人次，是非常勞累的，「雖然受到吐瓦魯人民的尊敬，我總是會告誡學弟們，我們不是神醫，能做的有限，但要盡量面面俱到。」

臺中中山醫院有兩項長期計畫，一是支援偏遠醫療、二是國際醫療，曹傑漢兩項計畫都投入參與。

使命，這二字讓曹傑漢醫師每週來回臺中馬公持續二十多年、十一年遠渡吐瓦魯八次，除了是他自嘲的武俠小說看太多，他坦承是八分的使命、有二分的私心。

「吐瓦魯和澎湖都有美麗的海灘，而且結交到好朋友。」曹傑漢說，和朋友一起看海聊天喝酒，也是在忙碌緊繃生活中的短暫放空，這就是他的私心。

曹傑漢醫師說，目前惠民醫院醫護人員不足，未來新院區落成啟用後，一定要增加人力，增補人力不一定會虧損，反而能提供更好的醫病需求，得到當地住民的信任。

「澎湖人和吐瓦魯人把生命交付給醫療人員，我們將之處理好，這是我們常規的事情，再看到恢復健康的他們、得到他們的感謝，就會覺得當醫生是件幸運的事。」曹傑漢醫師感性的話語，也為他堅持的使命下了註解。

輯三

不分晝夜的堅守與奮鬥

在偏遠的荒野陰翳裡，他們是幫生命找到出路的勇者。夜深人靜，他們燈火通明；萬籟俱寂，他們拚搏時間。獲得醫療奉獻獎的阮議賢醫師等人，付出了日日夜夜，也見證了臺灣醫療的成長。

做自己喜歡的事——阮議賢醫師*

「只要有需要的地方，我就會去。」出生彰化基督教家庭的阮議賢，受到和美教會張承宗牧師啟蒙，走出診所為弱勢族群看牙，足跡遍及原住民部落、偏遠鄉鎮。不曾出國的他，第一次出國，就是當起無國界醫師，甚至帶獨生女到柬埔寨義診、捐物資。信仰的力量，支持他樂在服務，不曾厭倦。

蘭嶼開啟醫療旅程

阮議賢原在台中市仁愛醫院服務，有天在報紙上看到蘭嶼蘭恩文教基金會徵求牙醫師，毅然決然前去服務。他說，過去到過許多山區，對原住民有好感，加上外婆及許多親戚住台東，「對我來說，那是我第二個家鄉」。

他在蘭嶼待了兩年，一九九二年四月間，澎湖縣衛生局長陳友邦到蘭嶼、綠島觀摩交流，由阮議賢負責接待，陳友邦邀請他到澎湖駐診，機緣巧合，開啟他另一段離島醫療旅程。

阮議賢在澎湖湖西衛生所服務一年，當時衛生處要求公費生畢業應返鄉服務，否則撤照，離島公費生紛紛回流，他自動讓出公費醫師職缺，自行開業。即使如此，當衛生局告知離島花嶼醫療資源不足，他二話不說，扛著器械就去義診。

創團巡迴離島看診

二〇〇三年，阮議賢任澎湖縣牙醫師公會理事長，隔年便創立偏遠離島社區巡迴醫療團，他負責吉貝、員貝、大倉、花嶼，每次到離島看診僅跟著一位助理，除了幫病人拔牙、補牙、洗牙等，也利用時間為國小學童檢查牙齒。

雖然醫療團經費由健保局補貼，但冬季東北季風來時，就得自費包船到離島看診，一艘快艇到花嶼就要兩萬元。阮議賢說，難以預測的氣候與海象是這項服務最大的困難點，風速一旦達五到六級、陣風達八級，官方交通船即停駛，民間的船風速達六至七級、陣風達九級還敢跑，但到了冬季、船程一遠，海上交通全都停擺，有錢包船，船家也不開。

由於巡迴醫療計畫向健保局遞交報告申請經費，每月提出下月預定看診日，往往因氣候不佳，無法在預定日期前往，法令卻規定不能事後補報備。於是阮議賢蒐集天候資料，包括每月浪高、風速等數據及船班停開標準，開會時一併提出，費盡唇舌解釋，這分執著讓健保局官員心服，終於允許補報備請款。

SARS期間協助疫調

SARS期間，開業醫紛紛休診，阮議賢到衛生局協助疫情調查及支援疫情通報；十年前華航在澎湖發生空難，衛生局人手不足，他都趕去安排救援專機，找牙醫師公會協助遺體辨識等工作。

去年十月，他首次出國，不是去遊山玩水，而是去柬埔寨義診，從暹粒市到金邊市，一年到柬埔寨十次，他女兒阮云跟隨父親義診，體驗醫療資源貧瘠處，更需要醫師，阮云才高二卻已立定志向，要以父親為榜樣，成為為大眾服務的好醫師。

扣除每周巡迴吉貝、花嶼、大倉、員貝四個區域的醫療及身心障礙特別門診，阮議賢留在診所看診時間相當有限，他感謝上帝、家人、助理及病人的體諒，讓他能盡情做喜歡的事。

阮議賢小檔案

- 一九六二年，出生於彰化縣和美鎮。
- 一九九〇年，在台東縣蘭嶼擔任牙醫師，兩年後到澎湖縣，配合公費生返鄉服務讓出職缺，自行開業。在離島外鄉服務，迄今二十一年。
•二〇〇三年，SARS期間主動休診，協助疫情調查及支援疫情通報。
•二〇〇四年創立澎湖縣偏遠離島社區巡迴醫療團，自費包船仍使命必達。
•二〇〇六年，協助惠民醫院設立身障者口腔醫療保健中心。

＊本文出自《聯合報》〈為弱勢看牙，阮議賢深入離島〉（第二十一屆醫療奉獻獎採訪報導，2011.09.27，許玉娟），經聯合報同意後收錄。

開船上下班的小離島大夫——侯武忠醫師*

他是醫療奉獻獎開辦以來最年輕的得主，也是全台唯一開船上下班的醫師；他的「愛之船」巡迴離島間，即使十級風浪，仍照開不誤，就怕稍有延遲，誤了居民的健康。

侯武忠這個年輕醫師開船上班、下班，機動地在澎湖離島間巡迴，開著「愛之船」，緊緊維繫了離島居民的健康，每當大家聽到熟悉的馬達聲靠岸，都會不禁露出親切又安慰的微笑：「船長醫師來了！」

不滿四十歲的侯武忠，十一年前奉派回澎湖後，就一直在離島衛生所服務。由於小離島衛生室未配置醫師，僅由護士負責簡單的醫療及救護工作，全民健保開辦後，衛生單位「有保險、無醫療」，更讓這些小離島居民怨聲載道。後來雖以大醫院定時支援門診「救窮」，但究竟不是長久之計，因此，中央健保局推動「離島醫療整合計畫」，侯武忠即積極爭取負責員貝嶼及大倉嶼的離島巡迴醫療。

取得小船駕照，大風大浪依然準時赴診

一開始，侯武忠只能搭交通船至這兩個離島看診；但交通船受氣候及開船時刻限制，有時乘客不多也停駛，有一搭、沒一搭的；侯武忠說，交通船一停駛，兩島上的居民就只能忍著病痛，等待下一次門診，他想了都為之不忍。後來，他乾脆自掏腰包，包下交通船，每週四次，分赴兩個小島看診，居民才有固定的門診服務。

包下了交通船，問題只解決一半，因為駕駛是個「大忙人」，島上大小事從載運旅客、建材到收垃圾，全由他一手包辦，所以兼差開的交通船，三不五時就「黃牛」不來，讓侯武忠覺得愧對離島居民。在他的觀念裡，醫療最重要的是，

病患必須對醫師有信心，而建立信心的第一步就是要準時看診，尤其在「無醫村」的小離島，定期前往看診，居民的期待不會落空，也不會斷藥，才能安病患的心。

為徹底解決準時看診難題，他下定決心自己學開船，跟著員貝嶼上的老船長學了半年，終於考上小船駕照。此後，他成了全台唯一開船上、下班的醫師，船長脫班或無暇開船時，再也難不倒他，借條漁船或開交通船，他可以自行過海；偏偏，船長會脫班，都是天候不好時，因此，他每每頂著大風浪，往返馬公與員貝、大倉間，每星期四天，即使十級風浪也照開不誤，為的是不讓等待看診的居民失望。

離島居民知道侯武忠的船比交通船還準時，不止等他看病的人愈來愈多，也有人開始來搭他的便船，免費又準時，久了，正常班的交通船班竟逐漸消失了。「真是難為了這個『少年醫師』！」一名常搭醫療便船的李先生說，大風浪時，侯醫師的一雙手，上一分鐘要用力掌舵，和大風浪搏鬥；下一分鐘，衝進診療室就要拿聽筒，與病魔拚鬥了！另一半退休的老漁民也說，過去常常得候船跨海到馬公看病、拿藥，有時老人家病一發作，腰痠背痛的，加上舟車顛簸，實在苦不堪言，有了侯醫師後，每週兩次準時看診，不會斷藥，他竟然有一年多不曾離開員貝嶼了。

白天忙門診，夜裡還要一「攤」趕一「攤」

侯武忠對病患全心的付出，在他剛分發回澎湖時，就已成了他行醫的「定律」。那時他在七美與望安島衛生所服務，島上只有他一名醫師，他一休假回馬公，居民就不能看病。當著他的面，民眾不敢抱怨；但是，從他們忍著幾天痛苦才就醫的表情，讓他十分內疚。從此，他將衛生所當成「7-ELEVEN」，門診表是掛好看的，居民一有病痛，隨時都可以上門找他看病。例休假日時，他也只能利用下午匆匆趕回馬公，和家人吃過晚餐，短暫團聚後，至多等到第二天一大早，又趕回小島上。

島上醫護人力奇缺，尤其在感冒流行期間，侯武忠常常一早坐上診療椅，就得捱到晚上十點才下得來。同事送來的午餐，他隨手掛在牆上掛勾，餿了！晚餐，忘了！下診療檯時，都已經深夜九、十點了，兩手痠麻，匆匆扒兩口飯後，還要揹著診療箱出診。因為島上很多老人一生病，行動不便，無法上衛生所來，只能電話「約診」；侯醫師沒辦法做到讓病人「一通電話，服務就來」，只好在深夜打發完衛生所所有病患後，步行或騎著摩托車出診。孤寂的小島早已沈沈入睡，他是小島上頂著冷冽海風趕路的唯一夜行客。冬夜裡，除了準備出海的漁民外，整個島的居民大概都窩在被窩裡，侯武忠卻還是騎車穿梭病患家中，刺骨海風從領口直灌胸口，要不是從小在海島長大，本島來的醫師少有人能承受得了。

島上民風純樸，為方便進出，病家常常只在客廳留一盞小燈，門戶不閉；他趕到病患家中，不用敲門吵醒病家，熟門熟路地，直搗入病患房裡，「常常是搖醒在睡夢中的病患，問診、打完針後，病患又沉沉睡去，全家人甚至不知醫師已經來過了。」但他的工作還沒完，頂著海風，他急著趕下一「攤」。出診一趟回來，常是凌晨一點多了。漱洗就寢，頭剛碰上枕頭，沒多久，常又被早起的病患搖起來。

看病、換卡兼接送，同仁視他為「爛好人」

侯武忠說，有一陣子，他的床頭不必放鬧鐘，常常一大早就有等不及他起床的病患，自己走進衛生所後的宿舍床前，將他搖醒，請他起床「看病啦！」「其實，他們可能四點就來了，在診間等了一個多鐘頭，直到人多一些，才敢『壯膽』一起來叫醒我。」侯武忠沒有被吵醒的不快，只有體貼的照病患「指示」，起床幹活。有一回，侯武忠睡到六點多才「自然醒」，盥洗完才到候診間，就看到護士抱著肚子，倚在牆邊掉淚。細問才知道護士病了，頭很痛，知道侯武忠睡得遲、不敢搖醒他，只得忍痛等他起床，讓他為此自責不已。

這兩年，他從七美島調回白沙鄉衛生所，白沙因與馬公市有跨海大橋相連，交通便利多了；對侯武忠而言，回家的路卻更遠了。在衛生所服替代役的男護士形容，侯武忠根本是「爛好人」，「每次要到小離島巡迴醫療，從衛生所開車到碼頭，不過二十分鐘車程，侯主任常要開上一小時。」看到路旁剛看完診的路人，他會「雞婆」地停下問：「要不要搭便車？」車上「黃魚」載愈多，他愈滿足。乘客一一下車後，他還要一一去送健保卡，因為這些健保卡都是病患看診時，請他「順便」換的。他為行動不便的患者出診時，「換卡」也是他附帶的服務項目。別人當醫師，是好整以暇地坐在診間看病人，他則看了一上午的病患不夠，匆匆扒幾口飯，就開著他的「戰車」，穿小巷、入僻壤，四處出診。

一名在大廟口開小麵店的老闆娘說，他父親本來經高雄大醫院的醫師診斷為肝硬化，醫師說沒多少日子好活了，他們只好「死馬當活馬醫」，送回澎湖老家，「順便」給侯醫師看看。侯武忠診斷後認為，只有以白蛋白維持生命，可是病患肝功能尚未低至健保給付白蛋白的程度，侯武忠只好向家屬明講，請在臺灣家屬購買藥品後，寄回澎湖。侯醫師每天風雨無阻地利用上、下班時間，義務至病患家中幫病患打針，既沒蓋健保卡，也沒有收費，完全做「白工」。在他細心照護下，病患不僅連褥瘡都沒有，還多活了八個月。家屬感激萬分，從此侯武忠上門吃麵，免錢啦！

服侍老病患，比家人還「孝順」

這位麵店老闆娘的父親，可不是侯武忠特別服務的案例，侯武忠這樣的個案還是不少。有些臥床的老病患，家人早已習以為常，除了三餐，根本不聞不問；一名病家就說，侯醫師真比自己還「孝順」。

跟著侯武忠在這些小離島走走，吃完三餐，再吃個涼水，可能花不到十塊錢。而這幾年，只要有七美、望安的居民到白沙去，也常常不忘提著鮮魚去看他。「這是當醫師最爽的地方吧！」他不諱言，政府近年來對離島醫療的重視，讓離島醫師享有較一般居民更優渥的待遇，離島醫護人員需縮衣節食的困境，已不復見；對醫者這分終身職來說，侯武忠才剛起步，不過，行醫路雖短，他卻做到了很多醫師一輩子也做不到的。

＊本文出自《民生報》〈侯武忠，開船上下班的小離島醫師〉（第十二屆醫療奉獻獎採訪報導，2002.04.23，張耀懋），經聯合報同意後收錄。

不輟的「開心」人生——林永哲教授*

民國六十七年一月二十八日，高雄醫學院外科學教授林永哲成功完成中南部首例肺動脈狹窄手術，開啟南台灣開心手術首例。投身醫界逾半世紀，八十歲的他仍退而不休，每個月飛澎湖離島支援醫療長達十九年不間斷，他說：「只要還能動，就會一直堅持下去。」

素有「南台灣開心之父」稱譽的林永哲，台南麻豆人，畢業於高雄醫學院。他專攻心臟外科，當過高雄醫學大學副校長、教授、名譽教授等職，是首位擔任母校附設醫院院長的高醫校友。

完成五千例開心手術

高醫畢業後，林永哲應聘為高醫外科住院醫師，隨外科開山祖師郭宗波教授參與心臟外科基礎研究，後再赴日本、美國進修。

海外學成歸國，他回任高醫當外科學教授，籌備開心手術，同時提振心包膜、開放性動脈導管、下行主動脈瘤、腹主動脈瘤、節律器裝置等心臟外科技術，民國六十七年偕團隊完成南台灣首例開心手術，成為台灣第五家具備開心技術能力的醫院。

三十多年來，林永哲的團隊含心臟移植共完成超過五千例開心手術、三萬例以上心臟血管手術，奠立高醫心臟外科地位。

獲頒澎湖榮譽縣民

林永哲追隨高醫創辦人杜聰明「關懷社會弱勢」的精神，自高醫屆退後，參與阮綜合醫院及高醫的ＩＤＳ計畫（全民健康保險山地離島地區醫療給付效益提昇計畫），到台東、署立澎湖醫院協助偏鄉醫療，每個月定期飛往澎湖縣七美、將軍、望安、吉貝、鳥嶼等離島看診，讓居民不必再渡海求醫，十九年來不間斷。長期送愛的義行，獲頒「澎湖縣榮譽縣民獎」。

「杜聰明的精神，就是醫療奉獻的精神，也是我一生奉守的圭臬。」林永哲退休後，持續用自己擅長「開心」的雙手及四十多年的臨床經驗，希望為偏鄉居民解除病痛。

澎湖老人多，很多長輩飽受心血管宿疾之苦，卻因醫療資源不足而延誤就醫，有老人家看到他無懼風浪渡船來看診，用聽筒傾聽心音也和他們談心，常說：「看到你，心臟病就好一半。」

交通危險置之度外

在高雄與澎湖間的天空飛了十九年，雖是退休人生的日常，也不免冒險犯難。去年六月十三日晚間，林永哲自澎湖搭機返回高雄時，即因機具故障，一夜驚魂，飛機最後降落台北，再搭遊覽車回高雄，抵達家門已是凌晨四點。到澎湖島嶼等離島巡迴醫療僅能搭交通船，天候欠佳時，浪比船高，行李東倒西歪，若非心臟夠強，恐怕難以適應這種搏命生涯。

受過嚴謹的醫學淬煉，林永哲醫術佳，行政及教學經歷也豐富，蓄養一生的能量，在退休後挹注到偏鄉離島。他傳承經驗，也提供醫療機構許多政策建議，帶動提升。

林永哲說，早年澎湖醫療人力不夠，醫療技術也不足，他治癒的病例，獲澎湖鄉親很大的肯定，加深他投身澎湖離島醫療的使命感，更覺得責無旁貸。

只要能動就會繼續做

事實上，這十多年來，林永哲妻子的健康每況愈下，近五年在臥床，他一方面照顧病妻，仍未放棄對於澎湖的醫療使命。有時候到離島看診，回程飛機沒飛，他擔心妻子乏人照顧，冒險改搭交通船破浪前行，趕著回來，「我知道天有不測風雲，但就是放不下澎湖鄉親。」

高齡八十六歲的他，至今每周二仍在高醫母校教學，周六在高醫看門診，雙周的周四則前往澎湖，他豪氣地說，「只要還能動，就會繼續做。」

行醫以來，他不僅引領中南部開心手術前進，更整合雲林以南十七家醫院，定期研討交流。面對開心手術的複雜度和高風險，他願意承擔並設法超越，「開心」人生豐富又精采。

林永哲小檔案

基本資料：

- 年齡：八十六歲
- 出生地：台南麻豆
- 現職：高雄醫學大學名譽教授，高醫附設醫院及院綜合醫院顧問醫師；心

臟血管外科指導醫師

- 學歷：高雄醫學院醫學系；日本九州大學醫學博士；美國南加州大學心臟外科研究員

經歷：

- 高雄醫學院附設中和紀念醫院第六屆院長
- 高雄醫學院副校長
- 高雄醫學院附設中和紀念醫院心臟外科主任

主要事蹟：

- 民國六十七年一月二十八日首創台灣中南部開心手術
- 南區心臟外科暨體外循環研討會創始人
- 高醫領導者類第十一屆傑出校友
- 台灣醫療典範獎一〇三年得主

＊本文出自《聯合報》〈林永哲，八十六歲退而不休 支援離島十九年〉（第三十屆醫療奉獻獎採訪報導，2020.11.04，王昭月），經聯合報同意後收錄。

為澎湖及時送暖的離島狂醫——杜元坤院長*

高雄義大醫院院長杜元坤從醫三十多年，挑戰高難度醫學，「杜氏刀法」獨步全球。平日帶領團隊嚴格，晨會遲到一分鐘就開罵，不過霸氣背後藏著柔軟與溫暖，除醫援國際，十多年來持續到澎湖看診，解決離島民眾就醫的困難，他認為醫學是讓人最靠近上帝的安排，因此化身行醫天使，實踐仁醫天職。

手術權威，挑戰治療癱瘓

杜元坤是骨科權威，也是顯微及臂神經叢手術先驅，自創「杜氏刀法」享譽國際，多年來應邀到世界二十七國示範手術，近年更挑戰治療癱瘓，讓病人重新站立。

在醫界，杜元坤是「非典型」醫師，雖出身骨科，反倒跨界挑戰整外、神外精細手術。杜元坤說，一般醫師不敢碰脊椎神經再生、臂神經叢繞道手術等，但大家愈不喜歡做的，隱藏愈需要幫忙的病患。

這位醫界眼中的瘋狂醫師，每天工作近二十小時，每週三天開刀，常開到半夜，週六有時漏夜開刀到清晨，常有日、韓、香港等地醫師飛來「跟刀」學習，他也從不藏私。

行程滿檔，一命換三百命

週二、五門診，每診高達三百人，他常看診到午夜，周四上午再抽空看VIP國際病人，醫療占掉他大半時間，公文往往凌晨才靜心批閱，每天清早五點半再起身查房，每天睡四小時，數十年如一日。為省下通勤時間，索性以院為家，與念台大的獨子用電話或通訊軟體聯繫，被稱為「住院院長」。

儘管忙碌，杜元坤每週仍擠出時間往實驗室跑，每月飛澎湖義診，更每年到美國哈佛、英國倫敦等大學訪問教學，更常應邀到國際示範手術，「我喜歡現場示範，也向世界證實，台灣醫療絕對真材實料。」

行程滿檔的他笑說，「有時簡直忙得快忘了呼吸」。有次他咳得厲害，硬撐到晚間八、九點，覺得快不行了，但又擔心如果休息，病人怎麼辦？他告訴自己：「再撐一下，很多病患就能獲得醫治……一命換三百命，很划算。」

「杜氏數學」算法與眾不同，住院醫師起就跟著杜元坤的義大大昌醫院骨科主任曾梓銘說，今年三月一次看診時杜院長心肌梗塞，堅持看完診才做心導管，延誤近五小時。義大副院長顏政佑也說，有次杜院長打球傷到膝蓋開刀，但仍不願停診休養，導致患處感染又二度開刀。

搏命看診，鐵人生活三十年

杜元坤搏命程度令人瞠目結舌，卅年來過著鐵人生活，對醫療使命不打折。十年前，他發現有群病人吵著插隊先看，說要趕飛機，原來這些病人來自澎湖，不少人住吉貝、七美等離島，得先搭交通船到馬公，再轉飛機來台就醫。

澎湖病患有時來台得有三、五親友陪同，如果候診太久趕不上飛機，就需花錢住宿。「澎湖人得花那麼多人力、時間和金錢才能得到醫療」，杜元坤語重心長地說，「感覺澎湖真的比香港還遠。」

杜元坤說，澎湖資源匱乏，民眾對醫療充滿不確定性與恐懼，只好隔海求醫，但大醫院不好掛號，「大牌醫師」又大排長龍，促使他思索，「我過去，你們就不必遠道過來」；觸動了「病人不動，醫生動」的想法，二〇〇七年，杜元坤領醫療團到澎湖吉貝島義診。之後，每半年固定組醫療團隊到澎湖西嶼、將軍、望安、白沙等離島義診三天。

醫援澎湖，受莊朱阿嬤啟發

他自假每三個月去一次，仍無法滿足居民需求，二〇一六年五月再與澎湖縣政府策略聯盟，每月駐診。隔年再推IDS計畫，由醫護人員前進離島衛生所，建立完整的轉診後送機制。

此外，杜元坤發現很多離島沒救護車，病人竟靠人力手推車或資源回收車接送，兩度捐贈健康行動服務車，解決民眾就醫運送問題。

談及醫援澎湖，杜元坤坦言受到莊朱阿嬤影響。他說，已故的莊朱玉女阿嬤，為讓在港口討生活的工人十元銅板就能吃飽，共賣掉七棟房倒貼，行善風範堪比德瑞莎修女，「莊朱阿嬤都能幫助碼頭工人，我也能服務弱勢病人」。而義大醫院援助澎湖醫療後，澎縣府一年省下六到八千萬機票補助款！

杜元坤說，到澎湖駐診不限號，有些人在高雄掛不到號，竟搭機到澎湖掛號，再回高雄開刀，足見澎湖人就醫多不方便。

醫療外交，救過帛琉高官

除關照離島病患，杜元坤也常醫援國際，足跡遍及印尼、薩爾瓦多、尼泊爾等地。二〇一七年率團至帛琉義診時，碰上總統府副幕僚長中風，他偕團隊緊急開腦，成功救命，被帛琉媒體譽為「上帝派來的天使」，也替台帛建立進一步邦誼。

杜元坤看淡金錢，不收取「紅包」，反倒私下資助貧困病患，被稱為另類「紅包院長」，有次一名病人做完神經重建後，因經濟不佳無法復健，杜元坤竟派救護車把她從宜蘭接回義大；另名神經損傷的大陸病童，也幫忙付醫藥費。

人生最大願景是以南迴公路建立醫療援助的「廊帶」，杜元坤在國際上已獲肯定，但好還要更好，行醫為他帶來莫大快樂，病人的笑容，是最真實也最珍貴的反饋。

杜元坤小檔案

基本資料：

- 年齡：五十九歲
- 出生地：台南市
- 現職：義大醫院院長；義大醫療體系執行主委；美國哈佛、日本京都、東京、新加坡國立大學、香港大學、義大利雷瓦哥等大學附設醫院校客座教授。
- 學歷：台北醫學大學醫學系；成功大學醫學工程博士

經歷：

- 台灣手外科協會、骨外傷協會理事長
- 國際外傷協會二〇一四年度大會亞洲首位理事長

主要事蹟：

・國際外科院士

・榮登芝加哥世界外科博物館台灣十六位代表性人物英雄榜

＊本文出自《聯合報》〈骨科先驅杜元坤，杜氏刀法獨步全球〉（第二十九屆醫療奉獻獎採訪報導，2019.10.18，王昭月），經聯合報同意後收錄。

超越平凡的力量——王永文醫師

在初春的澎湖，約訪王永文醫師，他是土生土長的澎湖人，在地行醫數十年，這塊土地是他最熟悉也最深愛之所。雖有一頭銀絲卻身姿英挺幹練，讓人很難猜出他已年有八十，訪談間敘事清晰、言語溫潤，倒是盡顯醫科本質的條理分明，也明顯帶著來自歲月的修養。

一九四〇年出生的王永文，大學聯考一試考上中山醫學大學牙醫學系，他決定隔年再重考，不料還是考上中山醫學大學牙醫學系。他笑著說：「天注定要念這所學校、走這行路。」但其實牙醫此行一路走來，開頭是順著天意，之後卻是堅守本心。

大學畢業後曾赴美國找機會，正好遇到上中華民國退出聯合國，當時，多數人都想要移民，但他卻決定返國。返國後最有前景的選擇是待在臺北執業，但內心一直有個聲音叫他回到醫療資源缺乏的故鄉澎湖服務。最終，王永文醫師成為第二位在澎湖開業的牙醫師，他說：「因為我從小生長在這裡，深知澎湖醫療缺乏的慘狀。」

「開業四十年多，我從來沒有和病人有任何不愉快過。」王永文站在病人的立場思考，而不擺專業權威的高姿態，醫病關係向來和睦。這樣的好名聲在澎湖傳開之後，惠民醫院的達神家神父三顧茅蘆，力邀王永文駐院開設牙科門診。

「我的門診是天天有，但我不在乎酬勞。達神父很開明，願意讓我擁有自己的時間學小提琴和進修，這個約定讓我在惠民一待就是十多年。」王永文回憶起達神父，直言神父為人風趣、心胸開放，偶爾興致來，二人會小酌一番。而王永文在自家診所與醫院門診兩邊奔走，雖然忙碌但也甘之如飴。

為身障者開設特別門診

二〇〇六年，王永文決定在惠民醫院增設身心障礙者口腔醫療特別門診，這在當年是非常驚人的創舉，服務身障者需要愛心與耐心，一般診所是不願意做這項服務。「我在開設特別門診前，也先自省過是不是真有這分心。」最後王永文決定要做，也立即去進修相關技術，並了解病人的心理恐懼層面，畢竟身障者對外界環境恐懼較多是難免的，他坦言，要如何安撫、讓病患安心接受治療就是一門學問。

發現澎湖住民對口腔衛生教育不足，王永文除了主動擔任駐校牙醫師，也往返澎湖偏遠離島虎井嶼的巡迴醫療工作，甚至參加牙醫醫療團到外蒙古、尼泊爾、柬埔寨服務。二〇一三年開始在國內的新竹縣尖石鄉新光國小、雲林縣古坑鄉樟湖國小及華南國小為孩童免費看牙，「我不用健保資源，所以牙科診療椅等醫療設施、藥品，我都自己處理。」

會前往新竹偏鄉服務是因為一個偶然的機緣，王永文曾在某場合聽到一個故事：偏鄉的小學生在操場上看到天空上的飛機，孩子們告訴校長說，如果能坐飛機去玩一定很棒。校長不敢承諾答應，只能回說，再找機會看看。所以王永文決定要幫孩子們圓夢，他查到這所國小並與校長聯繫了解所有事宜後，贊助一百多位師生、家長搭飛機到澎湖進行六天五夜的畢業旅行，並充當導遊介紹澎湖重要景點。經過這次經驗，王永文才驚覺臺灣偏鄉學校種種的不便與缺乏，也決心開始走入偏鄉為當地人免費看牙。

在最愛的土地上，堅守自己的崗位

生長於離島澎湖，正因有感於醫療缺乏的不便，讓王永文醫師長年回饋故里之餘，也不吝服務本島的偏鄉地區，甚至在二〇一八年決定退休後，第一件事就是騎單車環臺灣。不同於其他騎士，王永文完全沒規畫，毫無目的地騎到哪才開始找住處，發現有祕境小路就繞進去看看，最後用二十五天的時間完成環島。

「我在騎車時，手機完全關閉，導航就靠一張嘴：問當地人。這樣才能多與人接觸。」與陌生人交換生活經驗是他此程最大的收穫，走進許多偏鄉是他熱愛臺灣土地的體現。

對於榮獲二〇一六年醫療奉獻獎一事，其實厚生基金會主動提名他多次，王永文都表達婉謝，不提供任何資料、也拒絕採訪。王永文直言：「對我來講，它沒有很大的存在意義，給我這個獎，我並不會更認真，這不會成為我的動能。而且想要爭取這個獎的人很多，做得比我好的人更多，獎勵應該給別人。」拒絕多次後，終因醫療公會的厚愛，王永文接受了醫療奉獻獎，但他還是堅持說，自己在做的事是「很平凡」的，他說：「只是把工作地點換到其他地點而已，並非什麼了不起的事。」然而對同胞、對土地的關懷，日積月累地付出，又豈是易事。「歡喜做，甘願受。」王永文用這六個字作總結，他說：「天公伯仔只要我這個身體多做點事啦。」

讓愛在偏鄉的土壤裡萌芽——鄭明滿女士

一九四四年出生的鄭明滿，小學時因為父親生病，當時，馬仁光修士常送藥到她家，探視她的父親，安慰他病痛中的憂苦。她二十歲那年，父親病故，為了支持弟妹完成學業，她毅然決定到惠民醫院擔任護佐。

只有小學畢業的鄭明滿，其實不清楚護理工作的內容，於是她從零開始學習，從換藥、打針、消毒到手術。每當靈醫會外籍神父到偏遠離島義診探視病患，她就安分守己地手提醫師的出診包和藥品跟隨在後。每當她看見外籍神父們因為病人需要血，就立刻挽袖捐血；病人沒有錢付醫藥費、買營養品，他們就偷偷塞錢給病人，讓她不禁自問：連外籍醫師都如此真心地奉獻，身為澎湖人，難道我不該和他們一樣，多盡一點本分，來照顧自己的同胞嗎？

鄭明滿白天跟診，晚上利用時間閱讀護理和醫藥的書籍，秉持著「天使心、聖母手」的信念，以勤能補拙的毅力、自主學習，一路累積臨床技能和醫學知識，從門診、婦產科病房、一路做到手術室流動護士，讓這些外籍宣教醫師都極為賞識她。

設身處地為病患著想

一九九九年，惠民醫院病房轉型為以老殘照護為主的護理之家。大家暱稱「咪咪」的鄭明滿，是病患服務組組長，平日的工作就是為病患翻身、餵食、換尿布、洗澡、修指甲及剪頭髮日常生活的照護。鄭明滿總是彎著身子，抱著病人在做這些事，即使病人的口水流到她身上，也不以為意。

為體恤病人，鄭明滿常發揮巧思，改良長期臥床病人的照護用品，例如為約束帶縫上海綿墊，讓病人更舒適；在被子上加一床四角綁在床欄的方巾，免得病人踢被子著涼；對病房的要求則是必須乾淨得聞不到任何尿騷味。她也利用廣告紙、喜帖及牛奶罐的鋁箔片等，巧手布置病房，更以她繪畫的天分，依病患的個性和不同的照護需求在床頭白板上為他畫上不同的圖案，還註明「我是○○阿公／阿媽」、「請跟我說臺語／國語」或「日語也能通」，讓新進人員及志工在照顧或探視時能溝通無礙，「她對於病患的貼心呵護，就是凡事都設想周到。」

平常鄭明滿和病人說話，就像和家人說話一樣溫和親切，病人會跟她撒嬌開她玩笑說：「咪咪一定是惠民的股東，要不然，怎麼會這麼投入工作！」全院上下都稱讚她是護理楷模，「有咪咪在，惠民就是老殘病人的天堂！」

無悔的選擇

四十多年的歲月奉獻，從青春到白髮，鄭明滿以醫院為家，全心奉獻給病人。即使為此蹉跎了婚事，她也無怨無悔。她安慰憂心的母親說：「我這輩子算是嫁給病人了。妳放心！我嫁對了。」如同早期的神父和修女一樣，她從沒打算退休，堅持要做到不能動為止。犧牲奉獻的精神讓全院同工都望塵莫及。

二〇〇六年她榮獲第十六屆臺灣醫療奉獻獎。鄭明滿說，「人都會生老病死，有一天我也一樣需要別人的照顧，現在我有能力照顧別人，就是懂得珍惜」，因此目前還不打算退休，堅持要做到不能動為止；對於得到醫療奉獻獎，她卻一直謙讓，強調是眾人的抬愛，為了要去臺北領獎，她還失眠了好幾天。

二〇〇八年，六十五歲的鄭明滿為了治療肺腺癌，不得不退休。病稍緩解，她又重回護理之家照顧病人。二〇一二年，肺腺癌復發，三年後於春天安息了。身後，家人將鄭明滿的七十萬元積蓄捐贈給她深深繫念的惠民護理之家。

這顆愛的種子，在經年累月的澆灌之下，漸漸萌芽，最後在臺灣偏鄉醫療史上開出了一朵美麗的花。

輯四

讓愛散落在每個角落

林姿妤等人走入護理之家、深入社區，用畢生的信念和所學，澆灌這片土地，讓澎湖的居民得以跟隨他們開闢的道路，走得安穩又長久。

把照護工作做好的使命——林姿妤護理長

一九八三年次的惠民醫院護理之家護理長林姿妤，身著粉紅色的護理服走進會議室，她的精神奕奕感染著每個人。被誇讚看起來好年輕時，林姿妤笑著回應道：「年輕才有體力與動力做啊，照護是件辛苦的工作。」

惠民醫院護理之家目前有六位正職護理人員、照服員十六位，要照顧七十五位長者，如果算進排休人員，每人每班八小時平均要照顧十五位長者。

長照技能從自身經驗累積

林姿妤出生在臺南、成長在屏東，從小學到高中都在屏東完成，她自承念書時期成績不好，母親希望她能學會一技之長，所以鼓勵她去讀護校，「外婆是植物人，我母親全天候照護過她，所以自己對護理有粗淺的認識。」幸好林姿妤在醫院實習時，對針頭、血淋淋的場面並不害怕，這行飯就這麼穩定吃了下來。

但林姿妤並沒有選擇當醫院的護理人員，而是到護理之家工作，理由很簡單：「我喜歡老人，老人都很純真，而且在心靈方面需要我們。尤其老人是弱者，自主能力喪失了，需要照護人員的愛與關懷，老人們才會過得有尊嚴。」

林姿妤說，很多人會質疑她沒有醫院的經驗，但她反駁：「誰說一定要有醫院的經驗，長照才會做得好？只要有心，很多事情都可以做得好。」

從零開始，重新學習

在臺南的德光護理之家工作六年後，有位澎湖的同學因為生產，服務的衛生所需要職務代理人，二〇〇七年林姿妤便到澎湖馬公第一衛生所工作，她回憶說：「明明知道只是要職代兩個月而已，但也不知為何當下一衝動，就先辭掉臺南的工作，隻身前去澎湖。」

林姿妤來到人生地不熟的馬公，只能住在衛生所樓上的宿舍，雖然是短期職代，但她個性就是「做什麼要像什麼，絕不馬虎」，兩個月後，澎湖將軍嶼衛生所有個偏遠離島醫療計畫人員職缺，林姿妤就順勢留在澎湖，在一座小島嶼待了四年之久，「我母親都覺得不可思議，一個臺灣的女兒怎麼可能在一座離島工作？」

更令林姿妤母親驚喜的是，林姿妤不僅留在澎湖工作，而且還在澎湖結婚生子。

二〇一四年十月，林姿妤另一位同學問她願不願意到惠民醫院護理之家工作，林姿妤心想：在衛生所工作熟手輕鬆，薪水也穩定，將軍嶼景色美，簡直是天堂，為何要放棄？

「妳來，我教妳長照的知識。」林姿妤竟然衝著同學要教她新事務而心動答應，所有的親朋好友同事都想阻止林姿妤，甚至衛生所主管開出加薪的條件要留下她，「我不在意錢，我只在乎學習。」

剛到惠民醫院的林姿妤，完全不懂醫院的人事物，「說真的，我是離開天堂般將軍嶼的快樂日子，跌入未知的地獄。」

惠民醫院有它的歷史包袱，曾幾度由其他醫院介入或支援經營，最後才由靈醫會接手至今。所有新進人員都要重新爬梳每一階段醫院的歷史、信念。林姿妤表示，她雖然掛著護理長的職位，但也要從基層工作做起，「我是真心願意從零開始，每個地方都有它的專業，重新學習不是壞事，尤其我是空降主管，大家都在看著妳有什麼能耐。所以我要跟他們一起做事，才能明白如何帶他們，說服他們跟著我一起走。」

萌生辭意仍堅持下來

每逢人手不足的狀況，林姿妤必須扛兩個時段十六小時的班，不僅要做清潔工作、護理工作，廚房沒人她還得去煮飯。她說，只記得過程但不記得痛苦，因為人要往前走，而且「我願意」。

因為辛苦，林姿妤的先生幾度勸她回家，當個人人稱羨的老闆娘，但她斷然拒絕，也告訴先生：「我們院長在這路上陪著我，我們還在努力，我們還在改變……」說到此處林姿妤語帶哽咽承認，當夜深人靜時她是軟弱的，但情緒宣洩後，總是要擦乾淚水，繼續往前走，「因為我捨不得這些老人家。」

撐到第三年，她本來決意要離開此地，此時執行長黃浩然神父和陳仁勇院長問其他護理人員說：「你們有看到護理之家的改變了嗎？是不是變得更好了？」大家紛紛點頭。

工作環境氛圍變好有目共睹，再加上由呂若瑟神父轉介來的和氣大愛團體到護理之家，協助傾聽陪伴無依的老人，林姿妤的心靈也被疏通，使她的辭意消散。

有尊嚴的老後

林姿妤坦言，在護埋之家工作，不會有輕輕鬆鬆坐著聊天、滑手機的片刻，每天一早照護老人家的飲食、翻身拍背、漱口、洗臉、換尿布、下床活動等，沒有一刻是停下來的，一天很快就過去。

「是很累，我告訴同仁，我們可以輕鬆過日子，但老人家就不會有好的尊嚴和品質。」所以林姿妤很疼愛並感恩護理之家的所有同仁和志工，因為他們的每一雙手、因為他們的每一顆心、因為每一個願意，老人家才能過著好的最後一段生活，他們才會有尊嚴、才會有愛，圓滿走完人生旅程。

林姿妤表示，惠民的護理之家滿床是九十床，但目前只有七十五床，是因為惠民不以賺錢為最終目的，以目前的人力來照護七十五位老人家，可以細微到檢查他們的耳垢挖了沒、指甲剪了沒、牙齒看了沒、衣服破了沒、心理的需要被聽見了沒，「老人家的心身靈都會被照顧好，將心比心吧。」

己所不欲，勿施於人，林姿妤誠實直言：因為她自己也不要老年的時候過著沒尊嚴的生活。

週一到週五都在工作，林姿妤將唯二的休假日用來攻讀澎湖科技大學經營管理的碩士班，「我沒有怨言，我甘願。」

林姿妤說，沒有時間陪家人，他們難免會有怨言，她曾深深地向先生致歉：「只有犧牲你，我才能成就護理之家。謝謝你原諒我，也謝謝你成就我做該做的事情。一個人來到這世上，肯定有他的使命，我必須做。」

有痛苦也有成就感，林姿妤毫不猶豫地說：「看見老人家的笑容，同仁志工的微笑，就是我最大的成就感。」一語至此，林姿妤激動淚再難止息。

林姿妤放棄緩和情緒，哽咽著一句句往下說，雖然沒有親眼見證到當年義大利神父到澎湖偏鄉，奉獻給無依貧苦甚至殘障的百姓，現今資源多，甚至有願景蓋新院區，只要她願意，只要看到她的工作團隊整體提升，就是大家待在惠民最大的意義，「我們要堅持的，就是使命！」

推動我前進的力量——蔡育琪復健師

在澎湖惠民醫院復健室看到復健師蔡育琪正在為患者按摩，著實嚇了一跳，因為預約採訪時，他印在紙本上的名字被我誤認是女性，「哈哈，很多人沒見過我本人都直覺我是女性，習慣了。」

「我是雲林縣大埤鄉長大的小孩，很鄉下的地方。」蔡育琪說，在就讀大學前，都是在雲林生活，考上長庚大學物理治療系後才離開雲林北上就學。「家裡很傳統，希望孩子未來能當醫生。父母希望我能重考，考個牙醫、中醫都好。不過，我還是堅持念物理治療。」

一九八一年出生的蔡育琪說道，自己算是認真讀書的學生，大學一畢業就考上國家考試的物理治療師證照，成績是當年全國第十名，也因此服醫療替代役時，就直接在高雄的復健診所掛牌工作。

蔡育琪解釋說，復健科有分物理治療師、職能治療師、語言治療師三種，物理治療師大多以腳部的粗大動作為主，例如為中風病人復健讓他能翻身、站立、轉位等，運動防護也是物理治療的重要工作。職能治療師則比較注重在手部細節，讓訓練病患能回復到重返職場為目標，小朋友的早療和行為認知課程，也是職能治療師的範圍之一。語言治療師是藉著設計的活動與練習，來幫助有溝通或吞嚥障礙的患者，改善他們的溝通技巧或吞嚥功能。

為愛情奔赴澎湖

蔡育琪的職場工作順利，甚至和朋友一起合夥成立復健診所，「不過，自己開業就是要校長兼撞鐘。」後來慢慢建立客源和口碑後，業績才逐漸穩定成長。

然而，是什麼原因，讓蔡育琪願意離開舒適圈，遠渡到陌生的澎湖工作，擔任起澎湖惠民醫院復健師？

蔡育琪直言：「是為愛而來的。」前女友在澎湖擔任老師，當時為了避免遠距離戀愛，他毅然決然來到澎湖找工作，正好惠民醫院鎖港分部有復健師的職缺，「二〇〇八年四月一日，是我來到惠民醫院的報到日。」

或許是愚人節的玩笑，到澎湖工作三個月，蔡育琪就與前女友分手，典型的相愛容易相處難。

剛到澎湖工作時，蔡育琪回憶，最不習慣的是「晚上沒地方去」，馬公沒有夜生活、別說百貨公司、賣場量販店，連夜市都沒有，只能看電影、喝咖啡或到海邊散步。很多人來澎湖工作不久就適應不良回臺灣，不過，他卻很快就習慣，「在醫院裡，復健工作是體力活，下班回家也只想好好休息而已。」

迷上澎湖的原因

在東北季風時的澎湖騎機車，則是另一場折磨和技術考驗。但是蔡育琪說：

「待在澎湖愈久就愈喜歡這裡的鄉土民情，後來我就打定主意永住在這裡了。」他的生活與感情重新在澎湖扎根，二〇一一年蔡育琪調回惠民馬公本院，同時定居在馬公，他被這裡的純樸生活深深吸引，也期盼小孩在澎湖成長，天天單純快樂。

「如果不是武漢肺炎疫情影響，惠民醫院每天早上會有一百多人來復健，三位治療師忙到沒時間吃飯。」下午則要帶著病患做運動，蔡育琪直說，一天的時間其實過得很快。

目前的惠民醫院有半世紀以上的歷史，未來將興建新院區，改善醫療環境，蔡育琪認為，復健科是惠民很重要的科別，未來新環境和更寬闊的空間會讓醫病關係更良善，而且能服務更多澎湖人。

蔡育琪補充說，惠民醫院規模雖小，而且沒有病房，但只要認同幾十年前義大利神父興建醫院的初衷和目前的制度，在這裡服務是愉快的，「我雖然是拿香拜神，但是醫院每週的望彌撒、晨禱，都一定會參加。」

蔡育琪回憶提及，他在惠民醫院裡曾遇過呂若瑟神父、李智神父與傅立吉神父，他們三位神父來惠民視察，除了主動與院內同仁聊天，也一定會跟病人打招呼、噓寒問暖，「他們對澎湖這塊土地和人民的愛，是超乎想像的，而且他們也會給予醫護人員無形但很強的力量。」

五月初呂若瑟神父的故鄉義大利深陷肺炎疫情，特別公開為故鄉募集醫療器材，獲得全臺灣人熱烈的捐款支持，蔡育琪認為，這就是神父們長久以來在臺灣偏遠醫療無私的奉獻，被臺灣人感念感恩的回饋。

在惠民醫院服務十二年，最讓蔡育琪有成就感與欣慰的是，中風無力、失能的病患，經過半年復健後可站可走，「當然，這不完全是醫院的功勞，病患有毅力的復健，再加上醫院專業的療程，才能達到雙贏。」

蔡育琪舉例指出，有一位水電技師中風後，失志的身心靈經過復健，又能重拾信心回到職場，「我們復健師其實除了物理復健，也要兼顧病患心靈的復健，因為很多中風病患原本在職場是呼風喚雨的主管，一夕之間連基本的如廁能力都喪失，對他們是無法接受的事實，所以來醫院做復健時，我們要陪著說話、安慰、開導與鼓勵的心理建設。」

有些病患來醫院復健已長達十幾年，蔡育琪笑道，「他不是復健無效，而是當定期保養。」接觸久了，醫病之間成為無話不說的朋友，他們來復健時都會順手帶些小吃飲料來為醫護人員打氣。

在復健領域工作近二十年，蔡育琪說，他遲早會有做不動的一天，但他不會輕言離開，他會走入社區，辦學術宣導衛教，教導老人如何預防跌倒、老年退化應變的課程，「人太安逸就不會進步，我會讓自己有點壓力，才能有動力幫助更多人。」

「惠民醫院的工作雖辛苦，但同事相處融洽，這是我離不開惠民的原因。」蔡育琪當初為愛來到澎湖，如今也為愛留在澎湖。

被需要也是一種幸福——蔡春梅女士

「我是土生土長的澎湖人，雖然姓蔡的在澎湖很少，但可以查到的族譜，我是第六代了。」惠民醫院前會計蔡春梅這樣說。她的祖先在澎湖落地生根，至少兩百年。

一九五二年出生在白沙鄉的蔡春梅，本來上一代人都是燒香拜佛的，直到她姐姐在天主教的幼稚園當保母，她受到姐姐的感念，高中時決定領洗，姐妹倆都成為天主教教友。

剛領洗的蔡春梅，陷入每週日都要到教堂望彌撒，因而少讀兩小時書的掙扎，但她的母親反而告訴她：「妳平日更認真讀書，就不會差那兩小時。」當時一個佛教家庭能讓子女改信天主教，是件不簡單的事。蔡春梅說，她一輩子都感激明理的母親給她如此自主的思考與空間。

從病患家屬到任職惠民醫院

馬公高中畢業後，蔡春梅完成報考大學的手續，不料父親卻在考試前因心臟病送私人診所急救，蔡春梅毅然決定丟掉開往高雄的船票，放棄大考，留在澎湖照顧父親。中斷大好前程，不僅是蔡春梅的遺憾，更是蔡爸爸終生對她的愧疚。

「我父親在分家產時，多分了一倍的財產給我，父親說，這是對我的補償。」蔡父病情有起色後，開始轉到惠民醫院住院治療，也成為蔡春梅認識惠民醫院的開端。

由於蔡春梅常在惠民陪伴住院的父親，神父乾脆問她願不願意到醫院工作，一九七一年九月蔡春梅正式成為惠民醫院的行政人員。原本只是順勢接下的工作，沒想到一做就長達四十八年之久，成為惠民醫院資歷最久的員工之一。

「當年的勞保單申報都是行政人員在填寫，我就是從這份書寫工作開始做起。」蔡春梅回憶，彼時以她高中的學歷、再加上大哥在警界服務的人脈，如果她要進公家機構任職是很容易的。但是她心裡就是沒有打算換工作的想法，可能是對醫院有一分感情。

她說：「我的個性就是：不求人家給我什麼，但是我要能夠給人家什麼。」

為員工爭取合理的私人時間

蔡春梅曾跟隨著李智神父、呂若瑟神父等人去痲瘋病患家服務、為病患清理。「呂若瑟神父規定每星期日，員工都要跟他出去探訪長照者，久之，許多員工就無法利用唯一的休假陪伴家人、處理家事。我了解這個情況後，就向呂神父諫言：「週日出去服務可以改用輪班的方式，來減輕有家室員工的負擔。」

她解釋，在健保實施前，惠民醫院曾有段時期病人就診數很高，幾乎是滿床，當時醫護人員常常要加班，薪水不高的員工雖然沒有抱怨，但終究體力還是會無法勝任。

呂若瑟神父應該沒想到有員工會如此直言，聞言氣得一個月不跟蔡春梅講話。蔡春梅自認，她平日會替神父打算，但也會為員工著想，如果因為奉獻付出形成員工無形的壓力，其實會對日常工作的推動產生阻礙。

因為重心放在工作，蔡春梅甚至曾有想當修女的念頭，後來直到三十一歲才結婚，結婚前請傳教士陪她去與公婆商量，讓她可以在天主教堂完成婚禮，而且每週日都要望彌撒。幸好在誠意的溝通後，一切如蔡春梅的心願，「為自己的婚姻爭取權益，應該算是很前衛吧。」

把醫院當成家

二〇〇三年中山醫學大學曾接手惠民醫院的經營，服務已經逾三十年的蔡春梅原本想趁勢退休，但修女寫信挽留後，蔡春梅決定續留後接手會計工作，她坦承對會計外行，而且當時沒有電腦可運用，每天面對複雜的帳目，都得加班到晚上八、九點，壓力很大。院方提議要幫她加薪，她卻回：「我從不計較薪水，如果在乎，早就離開惠民了。如果要加我薪水，也要同時幫其他員工調薪，這才是公平的。」蔡春梅表示，她不是故意要跟神父或院方作對，而是「為對的事發聲」，初心是想讓醫院像個大家庭，互相為彼此著想。

長期忙碌，鐵打的身體也有故障之時，蔡春梅先是在雨中騎機車時滑倒，手臂韌帶受傷，復健了半年，隔年又胃出血昏倒送醫，住院八天後才又回到工作場域。但蔡春梅仍是戮力以赴，在工作中積極奉獻。

布施的真諦

蔡春梅長期與神父們接觸，讓她感受到「布施」的真諦。「布施不是有錢人才能做的，這不是有錢人的權利，一般人也可以布施，布施愛心。」蔡春梅說，做事如果是只做給人看，很難，但是上天都看在眼裡。

二〇一九年，已經提過多次退休的蔡春梅再度提出辭呈，並建議院方應該要建立屆齡六十五歲的退休制度，因為老人不走就會占掉年輕人的機會，對醫院整體經營不是好事。

蔡春梅從惠民醫院退休後，日常行程反而更忙碌，白天要帶孫子，也加入協助精障者的康復之友，還兼任更生輔導員，到獄中與受刑人談心鼓勵。

即使退休，惠民同仁遇到不了解的事，仍會電詢蔡春梅，對此她絲毫不覺困擾，她心想：這個年紀還能被需要，其實是很幸福的。

傾注人生大半時光——歐佳純女士

走進澎湖惠民醫院四樓的行政辦公室，沒有個人辦公室的院長陳仁勇，與其他同仁一同坐在系統辦公區內，另一側有一隻貓兒在辦公室散步，更像是位院長，巡察著同仁有沒有認真工作。

對，一隻貓。「牠叫小吉！」惠民醫院出納組長歐佳純說，牠是流浪貓，名字是取自之前在醫院服務的神父傅立吉的吉字。

歐佳純是土生土長的澎湖女孩，從小到大都在澎湖求學、成長，高中畢業於澎湖海事水產職業學校，二〇〇五年來到惠民醫院應徵行政工作，二〇一〇年再到澎湖科技大學觀光休閒修習取得學位。澎湖是她扎根一生的故鄉，惠民有她傾注半生的情義。

與神父們的回憶

孩提時期對惠民醫院就有印象，歐佳純回憶，健保實施那年，許多醫生都出走自行開業，醫院度過一段沉寂的時期，「我國高中時常胃痛，當時會來惠民打點滴，幫我看診的就是大鬍子何義士修士。」

歐佳純剛進惠民工作時，是中山醫學院接手經營的第二年，靈醫會的李智神父、呂若瑟神父每年都至少會來一次，他們雖然沒有參與實際管理，但仍心繫這間他們經營過的醫院，「李智神父來馬公，都是我開車載他去四處拜訪教友、關心各地教堂的狀況。」

歐佳純表示，她雖然沒有跟李智神父共事過，但李神父人十分客氣，見到醫院的員工都會噓寒問暖，也會謝謝大家一直在惠民崗位上服務著澎湖人。

「傅立吉神父只要來澎湖，就是好忙好忙好忙，會主動協調學校要去免費演講，宣導靈醫會在澎湖的使命。」

歐佳純輕聲細數。另有一位謝樂廷神父，她形容謝神父就像苦行僧，在白沙住一間小木屋，默默傳教並幫助身障人士。雖不是靈醫會人員，但歐佳純對每位外籍神父的種種卻記憶猶新。在惠民醫院工作已經十五年，歐佳純笑說，她跟傅立吉神父比較熟，傅神父很積極地走進社區，讓民眾認識天主教、靈醫會，並宣導衛教。傅立吉神父在每週的晨禱都會準備不同主題的影片、短文分享給同仁，非常有心。

其實歐佳純並非教友，她說，因為神父們對員工自我信仰保持開放的態度，「例如中元節，神父們也會入境隨俗，為過往的好兄弟做祈福，這讓我很敬佩他們。」她認為，靈醫會總是很有包容力，並不會強迫大家領洗，最多就是做彌撒的時候，希望大家一起參加、彼此祝福。

歐佳純也曾聽聞去年二月在義大利過世的王理智神父的事蹟，「真的超偉大的。」早期都是王理智神父為病患主刀，他在澎湖最貧困時接任惠民醫院院長，等醫院穩定時他就動身去亟需醫療的非洲偏鄉。

許多神父雖然年紀都大了，但他們仍是掛念著惠民。歐佳純指出，「早年醫院經濟比較拮据，需要一輛救護車，李智神父便從聖母醫院調度一輛到惠民醫院應急。」前陣子也積極轉介舉重選手郭婞淳捐助一輛全新的救護車到澎湖給惠民使用。

一分無法取代的想念

身為醫院的出納與會計，歐佳純認為，靈醫會以愛與關懷為出發點，或許醫院不必賺太多錢，但也不能持續虧損，有一點點盈利，至少在招募醫護人員時才會比較有吸引力。

「我家離醫院很近，所以早期有晚上臨時要處理的事，同事會先想到找我來支援。」歐佳純舉例，當時不論弱電問題、冷氣壞掉、忘了帶鑰匙等都會先想到找她來解決。但其實除了鑰匙好解決，水電工程方面的事，她也無法立即排除，但至少人到醫院會讓同事安心。

▲歐佳純溫柔地撫摸著貓咪小吉。

話題聊回「小吉」，歐佳純緩緩回憶，貓是同事在二〇一三年撿回來的，但卻是她在養，當初思考要如何取名時，大家都很想念傅立吉神父，就決定取名「小吉」，而且還讓牠有個專屬座位。「來醫院洽公的人，如果有到行政辦公室，多半會被小吉吸引駐足、拍照、撫摸。」

歐佳純不止在醫院養貓，她也長期餵養流浪

貓，住家附近總會有貓出沒，為了怕牠們餓，歐佳純固定每天餵食。或許養出名號，甚至有人直接將裝箱的幼貓放在她家門口，「我也只能收養嘍。」歐佳純笑說，目前家裡有四隻貓，牠們也成了工作之後抒壓的良藥。

訪談間不難發覺，心軟是歐佳純的人格特質。她也坦承，在惠民醫院待愈久，似乎就愈不捨離開這個「家庭」，「十五年的工作資歷其實不算久啦，惠民有很多同事一待就是三十年。」從沒想過要離開惠民的歐佳純，今後也將持續在這個工作崗位上努力。

開一間在白沙鄉的雜貨店——呂騰芳先生

走進澎湖白沙鄉，講美社區裡有間樸實日常的騰芳雜貨店，皮膚黝黑的老闆呂騰芳招呼我們裡面坐，隨手開了冰箱拿了好幾瓶飲料說：「天氣熱，喝點涼水。」

這雜貨店開三十多年了，他是第一代。「父親小時候的家旁就是基督教堂，我阿嬤是信徒。阿嬤會帶著父親去基督教堂，但一直沒受洗。」呂騰芳看我露出驚訝表情，趕緊補充說明，基督教來澎湖傳教有一百多年的歷史，天主教才七十多年。

領洗成為天主教教徒

呂騰芳的父親讀日治時代的學校，畢業後到臺灣工作，結婚後才回到家鄉澎湖，當時天主教已開始在澎湖服務耕耘，呂父認識天主教之後，於一九五六年領洗，之後在天主教堂當傳道員。一九五四年出生的呂騰芳，就在三歲時，與他的母親一起，在後寮的天主堂領洗成為教友。

呂騰芳的童年記憶，都是在教堂廣場玩耍長大，直到上國中後才比較清楚天主教教義，「我是六十年資歷的教友，聖名是嘉彌洛（Camiro），而且至今仍是週週帶著母親一起到教堂做彌撒。」

不只是雜貨店老闆

呂騰芳高中畢業後，先出海跑遠洋漁船，一出海就是兩年才會回澎湖，漁船是兩百噸級，都在南太平洋海域捕撈鮪魚為主，「在海上的生活很無聊，每三個月停靠外國港口碼頭補給時，才能下船十天透透氣。」

返回澎湖後，呂騰芳先到臺灣工作，在工作之餘學開車並考上職業駕照，也是兩年後，再度鮭魚返鄉，回澎湖開計程車。「我是澎湖第六十六位計程車駕駛，最主要在碼頭載送從員貝、吉貝、鳥嶼等離島來馬公市洽公的民眾。」呂騰芳還記得，當年沒有跳表，都是用集客的，滿四人就開車。

詢問呂騰芳開了幾年的計程車，他有點害羞地表示，本業雖是雜貨店，但現在還在兼著開車，「因為有雜貨店要看顧，所以我很少載遊客。只是有些老客人習慣叫他的車，坐了四十幾年了。」呂騰芳笑著說，如果臨時有人叫車，他就出勤，雜貨店就請鄰居代看著，如果沒有鄰居在，那門也就開著不關，「這雜貨店本來就是開放式的，大家自己拿、自己放錢在櫃檯，澎湖人心很好啦。」

除卻短暫離開澎湖的那四年，呂騰芳的一生約莫見證澎湖逾一甲子的歲月與發展，身為六十年資深天主教友，他細細翻數著記憶，遇見過羅德信神父、李智神父、呂道南神父、呂若瑟神父等。

說到這裡，有鄰居進來買飲料，呂騰芳自然而熟稔地起身先去服務客人，收完帳後坐下又繼續說，每位靈醫會義大利神父的講道，他都聽過。呂騰芳說，當年外國神父為澎湖人無私奉獻、照顧弱勢鄉親，甚至來自義大利的何義士修士身後葬在澎湖，令人感佩。靈醫會的神父們不止在澎湖傳教與幫助，甚至在宜蘭更是盡心盡力，連吳念真導演都深受感動，無酬地幫聖母醫院拍攝公益募款廣告。

「前陣子呂若瑟神父在為家鄉募醫療資源，我和五個孩子們都有捐款支持，這是對義大利神父們最大的敬意和回饋。」呂騰芳知道，也許他能做的事不多，但仍用自己力所能及的方式，將這分愛繼續傳遞下去。

走一條澎湖的朝聖之路——原住民瑪賴

「在澎湖大約有六百名原住民，大家都叫我瑪賴。」一位健壯、開朗、嗓門大的原住民如此自我介紹，瑪賴是他布農族的名字音譯成華文，所以他不姓瑪喔。他補充說道，「阿美族很早就來澎湖討生活了，他們早期來這裡捉龍蝦。」

一九六三年生於南投仁愛鄉的瑪賴，是在天主教會長大的孩子，國中就到臺中念書，直到服役、工作後才返回到仁愛鄉。「在教會長大的孩子，神父都會比較注意你的動向。」瑪賴說，神父建議他去臺北讀神學院，未來可以留在教會工作，兩年後又叫他到臺中的中部原住民服務中心工作十一年。

人生的規畫完全不是自己能決定和預期，瑪賴離家十一年後，竟回南投仁愛鄉競選村長，而且順利當了兩屆八年的村長，「要再連任應該不是問題，但我的心有自己的方向，有自己想要做的事。」

和澎湖的奇妙緣分

瑪賴解釋，正好在澎湖海龍部隊服務的大兒子娶了當地的媳婦，女兒也到澎湖工作，他和太太就決定在二〇一七年移居到澎湖生活，「我一輩子就像吉普賽人到處跑，就算來澎湖定居了，但我還在找自己的靈魂。」

事實上，瑪賴對澎湖並不陌生，他的兩年兵役就是在澎湖完成，對這裡一直有感情，兩位子女更相繼來到澎湖工作，所以全家移居過來並不難適應。

一位來自南投山間森林部落的原住民，如何在四面環海的澎湖島嶼討生活？瑪賴說，澎湖人和原住民其實對生命有著相似的態度：「出去就不一定回得來。」他進一步解釋，原住民出去打獵就會遇到險境與衝突、土石流，可能面臨傷亡；以討海為生的澎湖人也同樣，在大海中有著莫測的風浪與天候，船翻了就回不來了，「所以沒什麼適不適應環境的問題，環境是公平的，所以人一定要去適應它。」

意外成為在地導遊

初到澎湖時沒工作收入，瑪賴心裡閒得發慌，正巧有朋友來澎湖找他，「你一定對澎湖很熟悉，帶我們去玩啦。」就這樣一句玩笑客套話，讓無心插柳的瑪賴踏進旅遊業，開始帶朋友團，後來更成了在地導遊的名人。

瑪賴分析原因說，應該是原住民的天性使然，他很容易結交朋友，再加上教會這個大家庭的照顧，生活圈子漸漸擴大，帶團的工作也慢慢穩定，在國旅業服務已經邁入第三年。

剛開始帶團的客人都來自教會，瑪賴也開始認識並聽到許多有關靈醫會、惠民醫院、啟智中心及義大利神父們的故事，「我自知沒有傳教的能力，所以就和太太一起去尋覓在澎湖的老教堂舊址，看能不能為式微的教會做些什麼事。」

在找尋的過程中，瑪賴發現，老一輩的非教友反而對早年神父在澎湖幫助痲瘋病人、修築碼頭的歷史有比較深刻的印象，而且很願意分享，他們說目前很流行的居家服務、以工代賑，早在六十幾年前，神父們就在做這樣的事。

瑪賴說，愈是發掘就愈有興趣，他開始爬梳出第一位義大利神父羅德信及其他神父登陸馬公之後的足跡，以及他們在各偏鄉設立天主教堂、啟智中心、幼稚園、碼頭等路徑，「靈醫會在澎湖一甲子的時間，設立的幼稚園與托兒所大約就有二十間。」

因為時代進步或沒人看顧，很多教堂都被拆除，面對破損敗壞的遺址，瑪賴有著不勝唏噓的感嘆，他認為應該要把神父無私奉獻的精神告訴別人，「我想到了令世人感動的法國朝聖之旅（Camino Frances）。」

如此的動心起念，讓瑪賴決定規畫出澎湖的朝聖之旅，用步行的方式導覽澎湖美景、人文歷史和各天主教堂遺址的故事，這樣的行程讓非教友也相當感興趣，「以前神父可是要走一天的路，才能到某間教堂為寥寥無幾的人做場彌撒。」

瑪賴建議，澎湖的朝聖之旅最適合的季節是春秋。一次的行程是走五、六天，在暑假是不可能走的，在大熱天走路，腳底是會起火的。「而且澎湖朝聖之旅其實不輕鬆喔。」瑪賴說，他帶團不走大馬路，都是鑽進羊腸小徑，「大馬路沒感情啦，早年神父們哪來的康莊大道可走？都一定是在荒草間披荊斬棘開出道路的。」

他希望可以帶大家體會那種心情，還能在巷弄間領略到更多澎湖不為人知的美景。瑪賴表示，他目前帶過四團，在走路的過程順便整理環境，做一些識別標誌與地圖，未來即使不是他帶路，旅人也可以自行照著識別路線完成朝聖之旅，「前幾團有些成員走到最後一天都累了，出現腳底起水疱、鐵腿等狀況，但沒有人退縮，大家都堅持要走完全程，這讓我非常感動。」

為了讓自己在導覽澎湖時更精緻正確，瑪賴說他常去上課，他是實事求是的人，希望自己的導覽能對澎湖有點貢獻。目前他也參與一些社區修復石滬的工程，他必須了解石滬堆放建造的過程、體會工作的心情，才能將心比心去為客人介紹導覽，「來澎湖不是光旅遊，而是來『旅行』，讓人的心情、生命都能有一個很好的體驗。」

光說不練，不是瑪賴的個性，訪談到了尾聲，他便起身說：「現在就帶你們去走一趟吧……」

輯五

這片地方的未來

吳憶如校長等人在艱困的教育環境下，依舊不放棄任何一個孩子，結合社區、政府的資源，將世界帶到孩子眼前，給了他們選擇的機會，也為澎湖創造一個更美好的未來。

只要有一個孩子因此而改變——吳憶如校長

金馬影后柯淑勤、紀錄片導演李惠仁、演員顏正國、火車達人黃仲平、民航機師王丰、旅行作家鍾一建、水晶球達人陳星合、作家夏霏、律師陳樹村、九天民俗技藝團長許振榮、爽文國中老師王政忠、宏昇螺旋槳董事長鄭正義、寄居蟹的挪亞方舟張孜維（重度身障者）、文學新詩作家楊書軒、同志諮詢熱線推廣部主任許欣瑞、電影《志氣》導演張柏瑞、倒立先生黃明正、旅日狀元料理達人周運昌、瘖啞扯鈴高手潘逢欣、雲門流浪者計畫楊蕙慈、3D列印機業者謝謦嫚……以上近三十人，遍布各行各業，看似沒有連結，唯一的共同點就是，他們都曾接到同一位陌生女子的電話。

「您好，我是七美國中校長吳憶如……」在一番懇談後，這些人接受了邀約，隻身搭飛機再轉船舶，到達澎湖七美國中，與百餘位師生分享他們的人生經驗或工作領域的甘苦談。

嫁到七美十八年的吳憶如說，七美是離島中的離島，資源相對少，但很多孩子不一定是表現在學業的成績，而是對音樂、藝術、人文有潛力的特質，他們欠缺的是一個指引，一道閃光，「我們不想用成績要求孩子，每個學生都有各自的專長，何必讓水裡的魚去爬樹？」

為了圓孩子們的夢

二〇〇七年，吳憶如決定做一件前所未聞的大事：帶著三十位學生到臺灣畢業旅行。為了圓夢，她鼓勵學生每日存十元，存了兩年，每人只存到兩千多元，距離個人旅費八千元只有四分之一，吳憶如貼補欠缺費用後，一行人從七美順利到臺灣。

吳憶如回想那段無法忘懷的時光，她說，七美沒有紅綠燈、斑馬線、天橋、地下道，幾位孩子到臺灣後甚至不敢往地下道走。五天四夜，孩子們參觀了一〇一頂樓、搭乘生平第一次的臺北捷運和火車，在臺中烏日近距離目睹高鐵進站，這些體會都讓孩子回味一輩子。

吳憶如決定長留七美後，開始思索怎麼做才能對孩子們最有助益。她募款邀請紙風車三一九鄉村兒童藝術工程到七美演出，而且請求紙風車搭設的舞臺等同於臺灣各地的規模，不能縮水，「臺灣本島的孩子看到什麼，七美的孩子也要看到相同的。」

那夜，七美國中擠進了一千兩百多人，鄉長致詞時驚訝地說，七美住民才一千五百人左右，等於大家幾乎都來了。當舞臺劇謝幕那一剎那，吳憶如感動落淚，因為她完成了不可能的任務。

▲吳憶如笑著坐在辦公桌前。

開發社區資源並融入當地特色

信心有了，決定玩更大的，「不能帶學生去看世界，但可以把世界引進到七美。」吳憶如開始動用人脈，邀請各界傑出人士到七美國中分享，沒有人脈的就直接查電話打過去，幸好被拒絕的很少。

這些人，最特別的是九天民俗技藝團的許振榮團長，他指定九天的臺柱

「瑪麗亞」等人，經常往返臺中、七美，教導學生擊鼓、協助成立鼓藝團，一年後，七美國中的鼓藝團員獲獎無數，拿到全國第一。「學鼓後的孩子們，每個人都變得有自信。」吳憶如語氣滿是歡欣。

七美國中有座鳥型的籃球架，它在七美國中已經豎立超過三十年，幾年前因為操場的改建，本來要拆除，在吳憶如的堅持而留存下來。她說，它是全臺灣唯一的造型，是每個七美國中師生的共同回憶。

因為珍惜，致力保留七美文化的記憶，她也邀請在地藝術家許參陸、馬公樂器行負責人吳兆振，每週挑一天到校教授有興趣的學生、家長、老師，基礎繪畫與彈奏烏克麗麗，藝文課程成功連結社區資源並融入地方特色。

「每個孩子的成就，都是我繼續前進的動力。」吳憶如虔誠而動容：只要我在七美的一天，世界就繼續走入七美。

與病魔共存

不過，造化總是弄人！二〇一五年吳憶如到中國北京參加研習交流時，如廁後竟然無法起身，她回想說：「瞬間自己以為是靈魂出竅，有意識但卻無法移動身體，連眼睛要往下看都不行，只能平視。」

漸漸恢復力量後，仍全身僵硬，走路像機器人，眼皮也完全睜不開。返臺後吳憶如進一步進行全身檢查，「是胸腺瘤，有點大，需要先開刀割除再化驗。」直到手術後看化驗報告時，醫生卻有點支吾其詞，當吳憶如瞄到電腦上有cancer這字，才反問醫生：「是不是癌症？」醫師坦誠說道：「是惡性胸腺瘤，但幸好是第一期，沒有轉移。」

「大家常在說，人生中總有過不去的坎，你以為眼前那一個小小臺階怎麼會過不去，但真的就是過不去……」失去「正常力量」的她，身為一名外表看不出異狀的胸腺瘤患者，親身感受到「向他人請求協助」的重要性。

吳憶如語帶慚愧，之前總覺得無障礙設施不那麼重要，會覺得是為了法規、為了檢查用的，原本想著：廁所內的扶手是要做給誰用？扶手做一高一低的，是浪費錢吧？但自己生病後，才發現這些設備真的非常重要。

「我現在與胸腺瘤共存了。」吳憶如說，每天上午是她最有精神、最有力量的時間，過了中午後會像正在洩氣的球，一點一滴地消弱，「重要的會議或行程，盡量排在上午完成。」

二〇一八年，吳憶如調回白沙鄉鎮海國中，對罹患重症的她而言，如果要緊急就醫，比起七美相對方便許多。

讓海洋成為孩子通往世界的大道

鎮海國中目前學生人數不到三十人，身為校長的吳憶如仍將她在七美國中的使命複製：「不能帶學生去看世界，但可以把世界引進到鎮海。」

她持續邀請各界人士到學校分享人生經歷，也更大膽地帶學生們到臺灣其他國中做城鄉交流、參訪科技公司等。吳憶如說，在學校的行政生涯已經邀請百位以上各行各業的生命鬥士到學校演講。

吳憶如自己十分喜歡聽演講，一場六十到九十分鐘的分享往往濃縮了分享者堅持一生的人生智慧及近身接觸的深刻回憶。學生們聆聽後，只要有一、二位獲得啟示進而改變人生，都是件美好的事，「在我有生之年，不一定看到他們未來的人生成就，但只要我還在，我就會持續努力下去。」

二〇一七年時邀請臺灣冬奧雪橇選手連得安演講分享生命故事，沒想到一位學生葉孟喆被影響了，他在沒有雪地的臺灣，靠著在草皮練習，終於獲得二〇二〇年瑞士冬季青年奧運會單人雪橇、雙人雪橇以及跨國的接力雪橇賽資格。「我看到這位孩子人生的改變。」說到這裡吳憶如語調開始激動。

吳憶如總是這樣反思：規格化的學校課程，教導孩子遵循著代代相傳的價值觀，長大後塞入一個競逐名利的框架，卻讓身為人最基本的價值被淹沒？這樣是對的嗎？這些問題很艱難，可能吳憶如窮盡一生也無法找到答案。

「此時我心念一轉，心中湧出信念與實行的勇氣，就讓海洋成為澎湖孩子通往世界的大道吧。」吳憶如「愈玩愈大」，她提出了「造舟追夢、揚帆鎮海」計畫，獲得安麗希望工場基金會贊助一百五十萬元基金，二〇一九年帶著六名學生，由香港帆船教練訓練並陪同完成四天三夜從香港駕駛四十二呎無動力帆船到澎湖馬公的壯舉。

「本來的初心是想讓學生『從世界看澎湖』。」吳憶如說，為什麼人類要航海？明明在土地上生活得這麼安穩，為什麼要去海上冒險？澎湖的先民為什麼願意渡過黑水溝？先民的感受是什麼？「希望學生們在這次的航程可以找到答案。」

香港的教練也相當佩服學生們，教練說，這是一個不簡單的遠航旅程，並不是一般玩帆船就能夠完成的冒險。在臺灣有如此長航經驗的人，應該不超過兩百人。肯定的是，他們是第一間完成這個旅程的學校，也是最年輕的一批臺灣長航航員。

「我想到六、七十年前，義大利籍神父搭船二十九天航向不知位居何處的臺灣，神父當時應該也是如同學生忐忑不安吧。」吳憶如期許學生們再次抵達陸地後，能像神父一樣勇往直前，繼續開展新的人生。

還給身障孩子們應有的笑容——翁秀媚主任

「我有澎湖腔，你會不會聽不習慣？」惠民啟智中心主任翁秀媚這樣問，因為她是土生長的澎湖人，十九歲高職畢業就進到啟智中心服務，到今服務已三十年了。翁秀媚憶起當年，高職畢業後，本來規畫到臺灣念書，可是一到臺灣本島就水土不服一直生病，所以後來家人力勸她返回澎湖。說也奇怪，身體就恢復健康，「不過當年高中畢業在澎湖只能找信用合作社或一般店家當會計，我雖然讀商科，但對數字很不敏感，幸好啟智中心在招教保員，完全沒有經驗的我，還是試投履歷。」

當時翁秀媚並沒有教保員的證照，也對教保這塊領域不了解，唯一的認知是鄰居的小孩在啟智中心學習，每天一早都有位老師會來帶他去上學。「啟智中心的余淑華修女面試我時問：『願不願意來試試看？』我說當然好。」余淑華修女是個有耐心的人，她先從認知身障者、要如何與身障者相處的基本觀念開始教起，並送翁秀媚參與培訓課程，一年後翁秀媚教保進階課程結業，開始站在第一線服務中、重度的身障者。

不曾因為父母身障而感到自卑

翁秀媚其實對身障者並不陌生，因為她的雙親都是視障人士，父母親都是小時候因流行病併發症引發視力減退到失明，「我媽媽很厲害，雖然失明，但外祖父、外祖母把她當一般人訓練生活自主。日後結婚生子，都是她在煮飯給全家人吃，甚至我的兩個小孩都是媽媽幫我帶大的。」

由於父母親視障，所以有些學校的活動，他們沒辦法參與，翁秀媚看著其他同學與父母一同出席的場合，心裡難免會酸澀，但父母一直告訴她：「不要因為家裡有身障的親人而自卑，反而應該更要自立自強，學校提供的清寒補助不需要去占名額，應該留給更需要的人。」

接受身障服務的挑戰

「我記得來與修女應徵的那天下午，服務對象早已放學回家，修女帶我參觀到二樓時，看到一面照片牆，看著照片讓我有種想哭的衝動，不是憐憫，而是看到老師們帶著身障者去做各式各樣的活動，那種溫暖的感覺從平面的照片中直透我內心。」翁秀媚說，她立即告訴修女她願意接受這份工作的挑戰。

翁秀媚回憶說，第一天報到後，修女就交付一位八歲的小男生給她服務，並教她如何為服務對象按摩、水療等復健。一個月後她手上就增加到五位服務對象，「一次要照護五位孩子，難免會手忙腳亂的，幸好其他老師會主動過來協助。」持續工作六年後，翁秀媚早已能夠獨當一面，她開始接受時段制服務的新任務，帶著教具走進幼兒園或身障者家庭裡，做早期療育的個別服務，最小服務過的對象是四歲。

翁秀媚解釋，當年神父們積極募款經營啟智中心，所以有語言治療師、物理治療師、職能治療師等，在澎湖，是惠民啟智中心先有這樣的資源來服務身障者，而且能深入到個案家庭中。

也曾有過無力和沮喪

在啟智中心服務三十年，翁秀媚坦言也曾有沮喪時候，早年學校的老師和家長比較沒有特教的觀念，她即使每星期一次服務，個案的老師或家長卻沒有持續輔導練習，所以個案常常沒有進步，使她的服務又再次回到原點，「沒辦法協助這個孩子復原的失落，成了我的壓力和瓶頸。」翁秀媚坦承，那種無能為力的委屈，幾度讓她在大雨中痛哭，「在雨中哭泣比較分不清臉上是雨水或是淚水。唉，那只是情緒宣洩啦，特教和教保的工作是有意義的，我從不後悔走這條路。」

二〇一八年翁秀媚晉升惠民啟智中心主任，她認為，目前最重要的工作就是募款，因為澎湖沒有大企業，都是比較小型的公司行號。只能把握各種機會逢人便介紹啟智中心的服務，或者請朋友介紹一些人來參觀啟智中心，就會陸陸續續有一些小額捐款進來。

「看到報表赤字的時候，除了感受到壓力也會有些沮喪。」翁秀媚不諱言，升主任後有太多新事務要學習，還要面臨教材更新、房舍修繕等問題，光靠小額捐款是不夠的，幸好臺塑集團在二〇一九年有大額的捐款，讓啟智中心可以運用。另外，一群「有憨膽的」同事在去年成功舉辦了啟智中心成立三十八年來第一次募款餐會，協助解決赤字的危機，「有很多不認識的捐款人直接認桌，再讓出座位名額請啟智中心代邀服務對象及家長來聚餐。」

給特殊孩子們一個正常的環境

翁秀媚表示，她期望要建立更專業且不要被時代淘汰的機構，也希望讓學前的特殊孩子能在一般幼兒園裡學習，因為在一個融合的教育環境中可以有更多的刺激、轉換為更好的發展，「惠民啟智中心畢竟比較封閉，也不是真正的幼兒園，不足的部分，期盼能讓正規教育的老師幫忙補足。孩子畢竟還是需要在一個正常的環境裡面，跟更多的同儕一同學習，才能學習得更快。」

惠民訓練服務對象最基本的生活自理後，就開始轉介出去，回歸更大的教育體制內，才是一個正向性的學習，「而不是把他一直關在啟智中心內，接受封閉式的學習。」翁秀媚補充說道，惠民啟智中心打破傳統教室般的學習場域，改造布置成像家一樣溫暖的氛圍環境，「來惠民不是進到水泥屋牆，而是來到另一個家。」

細數翁秀媚人生，自從她離開校園後，只做過啟智中心這份工作。是否曾經覺得人生經歷枯燥、不夠精彩？「工作三十年，其實我可以退休了，但這工作已經成為我生活中的一部分，服務對象每一天帶給我的都是不一樣的挑戰、感動和驚喜。」

啟智中心這兩年一直在提升服務對象的選擇權與自決權，翁秀媚說明，早年是固定式的教育，現在則是讓他們選擇想學的內容。舉例來說，「許願菜單」在今年開始，每個月有一天讓他們決定想要什麼樣的餐食，同時也成立多類型的社團，讓他們自由參加，目前有點心社、美藝社、音樂社，「只要看到他們樂在其中，有笑容，就是我和同仁最大的滿足。」

有能力就要手心向下——陳曉君小姐

「我是高雄輔英科技大學幼兒保育系畢業的，會執著去讀這個科系，是因為我從小就喜歡小孩吧。」陳曉君回憶幼時，父母因為工作常不在家，她三、四歲的時候就會照顧最小的妹妹，「母親說：『妳簡直把妹妹當芭比娃娃在玩』。」

陳曉君一九八四年出生於澎湖，讀國中時，鄰居的小妹妹也都是她陪玩兼照顧，她似乎從小就有孩子緣，哭泣的小孩只要被她抱到懷裡，馬上就停止哭鬧。高中時期，她不僅樂於當志工，還到老人安養院服務。

從小就開始做志工服務

大學時前往高雄輔英科大就讀幼保系，「我大妹也是讀輔英科大護理系，所以我們姐妹就合作帶志工團，寒暑假都到安養院或教養院服務。」陳曉君認為，有護理知識的妹妹加入，在服務上會更具專業。

個性大方外向的陳曉君，對繪畫也拿手，求學時是校園內的風雲人物，全校各類活動的海報幾乎都是出自她手，只是也因為忙於校內活動和社團，每次期中、期末考都是前一天才熬夜惡補，但卻又能考到全班第一名。「有孩子緣也有考試運吧。」陳曉君自謙說道。有知名度，讓她在號召志工時更有說服力，陳曉君首次帶志工團回澎湖服務，十二人的團隊裡，有幼保專業也有護理專業，她們前進老人安養院和育幼院，也到惠民醫院的護理之家服務。如今的陳曉君雖早已畢業，但這個團隊服務從二〇〇三年就持續十多年至今。

陳曉君記憶中，小時候常到天主教堂玩耍，修女都會為大家說故事、講道理，神職人員無私地為社區服務，點點滴滴都讓她印象深刻，所以日後參與志工團活動時，活用結合教會的力量與資源，除了在安養院、育幼院、醫院、啟智中心服務，也深入到社區服務。

以服務的心情回到家鄉

陳曉君坦言，大學畢業後並沒有想回澎湖工作，尤其她讀幼保系，在臺灣本島就職的機會比較多，可是卻因為一通電話就回來了，「一位幼稚園的羅老師來電說，澎湖面臨少子化問題，幼教老師相對在流失中，如果妳還沒找到工作，是否先回家鄉幫忙？」

陳曉君抱著回來幫忙的心態返回澎湖，但第一份幼教工作只做了半年不到，她坦言：「雖然是新手，但我從小就有很多經驗，面對孩子不會怯場，可是因為與主管理念不合，也改變不了制度，只好選擇離開。」

在待職或到臺灣找工作的猶豫時，有家補習班又找上門，需要短期一位工讀生，陳曉君卻從短期做到長期，從工讀生做到國語、英文老師。親戚知道陳曉君在補習班當老師，紛紛將孩子請託她在假日時代為管教，「當姐姐的，要替晚輩想想辦法啊。」陳曉君笑著說，這個說法很難讓軟心的她拒絕，從一個孩子、二個、三個到六個，或許是「呷好到相報」，這六位親戚小孩竟又招了同學一起來，於是靈醫會在社區提供閒置空間讓她使用，而她也成了社區課輔志工姐姐兼教友志工。

陳曉君細數著來這裡上課輔的孩子，有些具有不定性的案例，例如有位小孩只對他眼前的東西有反應，跟他說什麼他都不會與人對話，當把東西拿走時，他就會在地上打滾哭鬧，「對於單親小孩、自閉或情緒障礙的孩子，我得要花更多心思去耐心地關懷、開導。」陳曉君自己的父母親都是殘障人士，只能打零工，陳家三姐妹從小便接受家扶中心和政府的幫助才能讀到大學畢業，所以父親一再叮嚀她們：「如果有能力就不要手心向上，而是手心向下去幫助別人，做人要懂得回饋。」

陳曉君強調，目前參加週六、日課輔的孩子，她向來要求「品性放第一、課業在其次」，她期望孩子不要只會考試、玩樂，所以她會分配洗碗、掃地等清潔工作讓孩子們有實做的經驗，「生活自理，是我希望灌輸給孩子的正確觀念。」

「看到這些來課輔的孩子，有規矩、課業穩定、對同學有愛，我就會覺得在這個社會上種出善種，未來這些孩子如果也做相同的事，這社會就更有溫暖。」

陳曉君如此相信，期待自己所做的事情可以讓社會變得更好。

抱著「惠民」的精神——賴峰偉縣長

「二〇〇一年，在我的第一任縣長任期內，責成縣府在馬公市區公園為一九九九年蒙主寵召的靈醫會惠民醫院何義士修士，做了銅像紀念。」澎湖縣長賴峰偉感念著這位被澎湖人稱為「騎著腳踏車的大鬍子醫師」，有著慈悲為懷的愛心，「一位來自義大利的修士在澎湖行醫傳教二十多年，澎湖人不能忘了他。」

賴峰偉縣長自幼對外籍傳教士與神職人員甚有印象，除了來自義大利的神父與傳教士，他也記得美國籍傳教士暨護士白寶珠女士。他回憶道，耶誕節時，這些外籍傳教士和醫護人員都會分送糖果、餅乾給孩子，當年年幼的賴峰偉也曾去排隊領取，場面很溫馨。

惠民醫院造福了澎湖人

「我在縣府服務時，認識了當年惠民醫院院長何義士修士。」惠民醫院長期擔負起澎湖人醫療的重責，後來在一九九八年又成立護理之家，對澎湖貢獻更多。賴峰偉縣長記得，有位親戚老邁之後，家中的孩子沒能貼身照顧他，所幸有惠民的護理之家細心照護，「這種悲天憫人的情懷，是讓人會感激的。」

近期惠民醫院將在澎南地區尋地，計畫興建新的醫療院區，賴峰偉也正積極責成有關單位要全力協助，「四十九床的病床、九十九床的護理和六十人的日間社區照護，我都記在心上。」

一九五一年惠民醫院前身的瑪利診所，由五位外國修女成立，但因為不具醫護人員身分，無法立案，只能做簡單的照護工作。一九五七年由義大利神父羅德信發起募款，運用善款設立了有二十張病床的惠民醫院。

而一九五三年，正是賴峰偉的出生年。他從小就跟醫院很有緣，但是並非生病住院，而是常到澎湖醫院旁的公園看書；他也常去觀音亭，向著大海朗誦英文或大聲唱歌，這是澎湖學生才有的特權和享受啊，「澎湖人就是有與天搏鬥的精神。」

常懷「惠民」之心

賴峰偉縣長回憶，他小時候就會很讀書，從幼稚園開始就當班長，國小、國中、高中到大學一年級，每年都是班長，同學都戲稱他是「職業班長」。大學讀的是化學系、輔系是工業工程，後來到美國攻讀管理，拿到碩、博士。

賴峰偉說：「我從來沒想過這輩子會走進政治，但或許，常懷『惠民』之心，被長輩看出特質，提拔我去競選縣長，之後又入閣任職內政部政務次長、總統府副祕書長、考試院考選部部長，二〇一八年又再度選上澎湖縣長。」

「希望惠民醫院新院區可以盡快蓋好。」賴峰偉滿心期許，雖然這屆任期只剩兩年，但賴峰偉猶記他母親過世前的交代，要他繼續為澎湖人服務下去，所以他想親自為惠民新院區剪綵。而且他實際到現場勘察過，「那位置靠海，靜謐，住在護理之家一定會延年益壽。」

大哲學家羅素曾說，他一生求三件事：知識的追求、愛情的渴望、對於受苦難的人們抱以悲天憫人的情懷。賴峰偉認為：「惠民醫院與聖母醫院的醫護人員，也都是在做這三大目標。」

四月初時，羅東聖母醫院呂若瑟神父公開呼籲，希望國人能支持捐助義大利防疫武漢肺炎的醫療設備，賴峰偉縣長認為，當初是這些外國神父在幫澎湖人，現在義大利缺口罩等醫療品，我們就該幫忙，「於是縣府同仁基於互相幫忙的心態，同意捐出一日所得，我自己再捐五萬元，一共七十多萬元，雖然不多，但也是一分感恩的心意。」後來因為募款金額已達成，縣府決定把這筆善款捐到惠民醫院，賴峰偉說：「神父是『惠民』，嘉惠著澎湖的民眾，我們現在是『民惠』，民眾惠回醫院。」

賴峰偉縣長又補充說，澎湖人有個很偉大價值，百姓跟惠民醫院是心連心，惠民的所作所為，澎湖人都很感佩，「醫護人員菩薩心腸的付出」就是惠民人最有價值的人生資產，也是澎湖人最幸福的地方資產。

將澎湖的故事講給世人聽——許玉河老師

在澎湖，如果要問歷史、民俗、傳說、典故或考證，在地人一定會說：「去找許玉河老師，如果連他也不知道，大概也沒人能回答了。」

在小學教書的他能空出的時間有限，星期一到五他都必須待在學校，星期六、日大多有演講或忙於考察。

「有天，澎湖縣文化局的人與我聯絡，說惠民醫院的陳仁勇院長在翻譯一些天主教在澎湖傳教的歷史文獻，陳院長翻譯第一本《天主教在白沙傳教二十五週年紀念》後，想刊登在澎湖的季刊《硓砧石》。希望我能協助校對與補註。」

隘門國小教師許玉河回憶，他聽到消息非常興奮，因為過去研究天主教在澎湖這領域非常罕見，沒有任何專門文章去討論過這個問題，所以他當下即應允了。

他說：「因為我也很期待有一些不同的觀點，來看看天主教當初是怎麼來澎湖傳教，尤其它是義大利文轉譯，等於我們又多了一個不同國家的視角來看待澎湖這塊土地，而且是一個傳教者的觀點。」

從外國人的角度，重新詮釋澎湖的社會文化

當人們不斷講求國際化或本土化，許玉河認為，一個外國人來看澎湖這塊土地就是屬於國際化的觀點。對本地的刺激或是不同文化之間的對照，是一件相當美好的事情。「刊登在季刊上雖然只有一、二萬字，但珍貴的是，其中羅德信神父拍了很多當時的照片，這些影像紀錄都是很棒的歷史材料。」

許玉河表示，從民國四、五〇年代經過了六、七十年，它保留時空的背景，羅德信神父的圖片文字和紀錄相當寶貴，對澎湖當代經濟、社會、文化的再詮釋

扮演了重要的角色，「所以後來澎湖科技大學的教授，看到這些圖文故事發表，就發想要蒐集更多當年羅德信神父、白寶珠女士在澎湖傳教及照顧痲瘋病人的故事，放進國家文化記憶庫中。今年已經開始執行了。」

惠民醫院院長陳仁勇在整理羅東聖母醫院資料時，又發現羅德信神父曾出版過一本義大利原文的書，記載他在澎湖的所見所聞、與當地人的訪談紀錄，所以又協請許玉河參與校註的部分，共同出版《臺灣海峽中的澎湖：風和沙之島》一書。

「雖然不懂義大利文，但我第一次看到原件時很感動，又看到羅德信神父拍下的照片，心中的震撼是難以形容的。」每一張照片都呈現出不凡的故事，這些傳教士不僅在澎湖傳教，更帶著相機四處拍照。許玉河感嘆，真的要謝謝神父們，為早期的澎湖留下太多影像史料。

為澎湖奉獻的外國人

許玉河說，他無緣見到羅德信神父，但小時候倒是常常看到「鬍鬚仔」——何義士修士，「我們都叫他鬍鬚仔，因為他真的是滿臉的鬍鬚。」

一九七〇年出生的許玉河，就讀沙港國小時必須從家裡走一公里的路程，上下學的途中經常可以看見何義士修士在路上騎單車，記憶中他身材很壯、胸膛厚實，還留著鬍鬚，「我們小學生看到這個外國人，覺得新奇，就會故意改變國語的腔調跟他打招呼，何修士也會親切揮手向我們問好。」

許玉河邊回憶邊自承，當年他們還小，根本不知道那些外國人是來幹麼的，長大之後才知道他們原來是天主教神父、修士在澎湖做傳教、醫療的活動。包括對白寶珠女士的認識，也都是離開澎湖到臺灣讀大學，接觸不同人事物之後才慢慢了解，竟有這麼多外國人為澎湖奉獻，而且也非常認同澎湖這塊土地。

「羅德信神父曾在《臺灣海峽中的澎湖：風和沙之島》一書中寫到，他在世界各地傳教，總是掛念著各個地方，像是馬達加斯加、中國雲南地區等，但是他放最多心思的是澎湖。」許玉河承認，當他看到中文翻譯稿時，不禁在電腦前留下眼淚。一位外國人住在被別人認為是不毛之地的澎湖十八年，心中念茲在茲的就是澎湖、是他最深愛的一塊土地，這款情操少有人能相比。

澎湖的文史研究與土地認同

許玉河長期浸淫於研究澎湖的文史工作，他表示，其實大部分的澎湖人也不一定會了解真正的澎湖。在隘門國小教書二十年的他，會在社會、國語或自然的課程中融入本地的案例，讓學生比起讀教科書，更容易掌握知識的脈絡。

另外，也有戶外教育計畫，帶學生騎著小折單車在湖西鄉的鄉間小路漫遊，讓教室延展到教科書之外的空間。「本土的認同就是這樣來的，你不去正視、了解這塊土地，怎麼會產生情感？羅德信神父不就是這樣嗎？」

根據許玉河的研考，當年羅德信神父是在馬公港上岸。不畏萬難選擇窮鄉僻壤去傳教，許多神父們紛紛深入到偏遠的白沙鄉、西嶼鄉等地區，為早期困苦的漁民興建碼頭。

他感動地說：「至今在後寮還有神父們以工代賑興建的碼頭殘跡。當年落成啟用時，有些地方父老當場流下眼淚說，一輩子沒有想到在世的一天，竟然還能看到後寮碼頭的興建。」

另一方面，天主教神父們勞心勞力地醫治痲瘋病患，更是讓澎湖人感激。「當年在醫學知識不發達時，一般百姓怕痲瘋病怕得要死，但神父卻主動去接觸這些被社會排擠的人。」許玉河說，這也是多數病患在癒後願意信仰天主教的原因之一，但這不是神父傳教的手段，而是他們的本心就是犧牲奉獻。

許玉河經常在演講中「講故事」，因為要讓人家去認同這塊土地、喜歡這塊土地，就是要親自講述這裡的故事給大家聽。感人的故事，才能夠讓人在心中留下深刻印象，「所以我覺得不管是澎湖的故事，或是臺灣的故事，我們應該要把它作適當詮釋之後，講給世人聽。了解這些故事，對本土認同才有幫助，而當年神父們在澎湖無私奉獻正是最好的故事。」

新人間 323

風沙中盛放的花——在菊島澆灌一條希望之路

作　　者—呂若瑟等人口述
編　　著—天主教靈醫會
主　　編—郭香君
編　　輯—李雅蓁
校　　對—簡淑媛、李雅蓁
行銷企劃—張瑋之
封面設計—兒日設計
內頁排版—林鳳鳳

編輯總監—蘇清霖
董 事 長—趙政岷
出 版 者—時報文化出版企業股份有限公司
108019 台北市和平西路三段 240 號 4 樓
發行專線—（02）2306-6842
讀者服務專線— 0800-231-705、（02）2304-7103
讀者服務傳真—（02）2304-6858
郵撥— 19344724 時報文化出版公司
信箱— 10899 臺北華江橋郵政第 99 信箱
時報悅讀網— http://www.readingtimes.com.tw
法律顧問—理律法律事務所 陳長文律師、李念祖律師
印　　刷—勁達印刷有限公司
初版一刷— 2021 年 5 月 21 日
定　　價—新台幣 360 元

時報文化出版公司成立於一九七五年，
並於一九九九年股票上櫃公開發行，於二〇〇八年脫離中時集團非屬旺中，
以「尊重智慧與創意的文化事業」為信念。

ISBN 978-957-13-8962-2
Printed in Taiwan

風沙中盛放的花：在菊島澆灌一條希望之路／呂若瑟等人口述；天主教靈醫會編著.-初版.-台北市：時報文化出版企業股份有限公司，2021.05｜224面；14.8×21公分.-（新人間；323）｜ISBN 978-957-13-8962-2（平裝）｜1.人物志 2.傳記 3.醫療服務 4.澎湖縣｜733.9/141.7｜110006776